JN101913

仕事革命・健康管理で人生100年時代を謳歌する

笹尾　隆二郎

東京図書出版

はじめに

　私は主に国際協力、ODA（Official Development Assistance、政府開発援助）の実施に携わるコンサルタントです。業界では、「開発コンサルタント」と言います。私はとうに還暦を過ぎ、キャリアの終盤を迎えていますが、今の最大の関心事は、若い世代へのエールを送ることです。若い世代という場合、自分が所属している開発コンサルタント業界だけではなく、20代、30代のビジネスパーソン全体です。それでは、私が本書を執筆するに至った動機をご説明しましょう。

　私が生まれた頃の日本は、高度経済成長期の真っただ中にありました。私の20代から30代初めくらいまでは、日本経済は絶好調で、『ジャパンアズナンバーワン』という本が外国人によって出版され、ベストセラーになるほどでした。しかしながら、私の30代以降、すなわち、この30年くらいは、バブルの崩壊から始まり、気が付けば、先進国の中でも最低の経済成長率を記録し続けています。また、人口も縮小傾向になり、質的にも規模的にも日本経済は凋落傾向にあり、こうした世相の中、若い世代の方々の将来に対する不安は、察するにあまりあります。しかも、寿命は着実に延びており、みなさんは、これ以上ない不確実性の時代を長くながーく、ビジネスパーソンとして生きていかねばなりません。

　こうした状況下でも、仕事は決して楽ではなく、長時間の残業やまた上司との人間関係に悩む人も少なくないと聞いています。

　私は、地味ではありますが、コンサルティングの第一線で四半世紀に亘り活動してきました。この間、徹底的な業務の効率化と健康管理を追求し、

• 今の会社でコンサルティングの仕事を始めた頃（27年ほど前）は、

毎日、午後5時には仕事を済ませ、退社、週末は完全に休養

　（ただし、ここ10年くらいは、会社の幹部としてより大きな案件に従事するようになり業務量が増え、週末に仕事をすることも増えました。コロナ下の現在は、リモートワークで、ウィークデイは朝9時過ぎに仕事をはじめ、午後7時までには仕事を終えるようにしています。）

- 睡眠時間は、この27年間、平均して1日8時間半は確保

　といった具合で、職業人生を楽しんできました。そこで、私は、自分の職業人生のエッセンスをご紹介し、若いみなさんにもできるだけ人生を楽しんでいただきたいのです。そのためには、健康管理と業務の効率化がキーワードになります。では、具体的にどうすればよいのか？

　その前に、実はかくいう私も体調を崩し、苦しんだ時期があったことをお伝えしておきます。

　それは、私が30歳を少し過ぎたあたり、企業の経営戦略専門のコンサルタントとして勤務していたときのことです。ある日曜日の朝、起きたとたんに、激しい頭痛と腹痛、同時に、吐き気にまで襲われました。自分の人生で、この3つが同時に来たのは後にも先にもこのとききりです。1時間ほどベッドの上で悶々と苦しんだ後、状態がよくなる感じがなく、同居している父に「父さん、だめだ、救急車呼んで！」と頼み、ほどなく到着した救急車に生まれて初めて乗り、市内の病院に入院しました。幸い、入院してからは容体は落ち着き、10日程度で退院することができました。入院してすぐに診察を受けた際に、お医者さんが「なにが原因かよくわからない」と言われたのを今でも覚えています。結局、病名もつかないまま、一般の病棟で特別な治療を受けることもなく、退院することができましたが、今から振り返ると、過労だったのではないか、と思います。当時の私は、コンサルタントとして以下のような毎日を過ごしていました。

朝は、6時前に起床、簡単な朝食を済ませ、1時間半ほどかけ、出社。夜は、平均して、10時過ぎに帰宅。睡眠時間は気になっていましたが、計算上は、ぎりぎり7時間は確保出来ていて、しんどい毎日でしたが、なんとかやりすごしていました。それで、何の前触れもなく、突然、上記のような日曜日を迎えた、というわけです。

　これを機会に、残業を減らすことと、そのために仕事を効率的に行うことが、ある種、自分のライフワークのようになりました。その後、勤めていたコンサルティング会社を退社し、外務省の試験に受かって、JPO（ジュニア・プロフェッショナル・オフィサー）という制度で国際公務員になり、イタリア・ローマに赴任しました。そして2年の契約期間を終え、ローマ滞在中に知り合った日本人（後の社長）と一緒にコンサルティング企業を設立し、今現在に至ります。

　さて、その後の私の社会人生活は、上に書いたとおりです。

　ここまで読んでみておわかりのように、明らかに、以前よりも、業務の時間は短縮され、睡眠時間も長くとれるようになりました。

　それはなぜか？

　いろいろな要因がありますが、特に重要なポイントは、以下の通りです。
➢ 経営戦略専門のコンサルタントのときの入院を契機として、今後、絶対に同じような経験はくりかえさない、と心に決め、どうしたら仕事を効率的に進められるかを研究し、毎日の生活で実践するようになったこと、結果的に仕事の質の向上と作業時間の短縮を両立できたこと
➢ 30代の中盤からは、プロフェッショナルとしてほぼ一本立ちし、細かな指示を受ける上司がいない状況で、完全に自分で勤務時間をコ

ントロールできるようになったこと

　この2点に加え、自分の健康にも関心を持ち、できるだけ規則正しい生活を送るようにしたため（＝睡眠時間の確保は、絶対優先事項にしました）、同時に健康的な生活も維持できてきたと思います。

　そこで、大昔の私のように、毎日が残業、残業でしんどいビジネスパーソン、まじめにやっているのに成果があがらず苦しんでいるビジネスパーソン、会社の自分に対する評価が低く鬱々としているビジネスパーソンの一人応援団となることを目指し、いわば、親戚のおじさんが甥っ子におせっかいを焼くようなつもりで、自分の体験や学んできたことを材料に、「いかに効率的に仕事を進め、健康で充実したビジネスライフを送れるか」をまとめてみたのが本書です。

　私が書いたことがみなさんの参考になり、「一生懸命やっているのに成果が出ない、いつも上司に怒られている人」が、仕事で成果をあげ、そんな上司を見返せたり、給与が上がったり、「仕事のノルマがこなせず、残業に次ぐ残業に苦しんでいた人」が、午後5時に仕事を終え、アフター5を好きなこと＝趣味、娯楽、ボランティア、自己研鑽、自主的な仕事（仕事が好きである場合）で満喫できるようになったりできれば、この上ない喜びであります。

　本書では、上に書いたような問題意識の下、以下のような構成でみなさんにアドバイスを差し上げたいと思います。

第1章　なぜ残業（業務量）が多いのか
第2章　どうすれば残業を減らすことができ、仕事の質が高まるのか
第3章　ビジネスパーソンとしてあるべき生活像とは
第4章　業務の効率化・質の向上に向けたマクロレベルの11の対策
第5章　業務の効率化・質の向上に向けたミクロレベルの39のTIP

第6章　あるべき生活像に近づくための11の健康習慣
第7章　その他の重要課題（キャリア形成・転職、語学力の習得、家
　　　　計・財務）

目　次

はじめに I

第1章　なぜ残業（業務量）が多いのか 9
　1．組織（会社・部署）の仕事の仕方の問題 11
　2．上司の仕事の指示・指導の問題、同僚・顧客とのやりとりの問題 13
　3．個人の仕事の仕方の問題 14

第2章　どうすれば残業を減らすことができ、仕事の質が
　　　　高まるのか 17

第3章　ビジネスパーソンとしてあるべき生活像とは 25

第4章　業務の効率化・質の向上に向けたマクロレベルの
　　　　11の対策 30

第5章　業務の効率化・質の向上に向けたミクロレベルの
　　　　39の TIP 35
　5－1．効果的スキル 35
　　1）「サクサクと仕事を進める方法」 35
　　2）「良い調査報告書の書き方」 50
　　　1．事前準備 56
　　　2．現地調査 57
　　　3．報告書の作成 59
　　3）「メール交信」 60
　　4）「いろいろな武器を使う」 65
　　5）「定型業務の質の向上」 74

5−2．下支え要因 76

   1）「リスクマネジメント」 76

   2）「GRIT」（やり抜く力） 80

   3）「発想法・アイデアの作り方」 84

   4）「ストレス・マネジメント」 91

   5）「モチベーションの維持・向上」 97

   6）「レジリエンス」 99

第6章　あるべき生活像に近づくための11の健康習慣 110

第7章　その他の重要課題 123

  7−1．キャリア形成・転職 123

   1）人生100年時代の到来 123

   2）具体的なキャリア形成の方法 126

  7−2．語学力の向上 128

  7−3．家計・財務 133

おわりに 140

第1章　なぜ残業（業務量）が多いのか

　本章では、「はじめに」のところの最後に書いた、若手・中堅ビジネスパーソンのおそらく代表的な悩みであろうと思われる、残業（業務量）の多さに焦点を当て、それらの原因を探るとともに関連する諸問題をとりあげたいと思います。

　まず、労働時間に関する国際統計を見てみましょう。みなさん、日本の労働時間は長いと認識されていると思いますが、G7各国の労働時間を比較すると、2021年に日本は中位の1607時間で、カナダやイタリア、アメリカの方が長時間労働しているというデータがあります[1]。意外に思われたと思いますが、その理由は、1990年代前半に15％程度だったパートタイム労働者が、2017年には31％と倍増した影響にあります。パートタイム労働者の労働時間は正社員の半分程度なので、パートタイム労働者の比率が上がれば一人あたりの平均労働時間が減っていく構造です。結論としては、パートタイム労働者を除く一般労働者の労働時間は、20年近く2000時間以上と、日本では長時間労働がまったく改善されていないようです[2]。以上は、ホワイトカラーに限られない全体傾向の国際比較でした。

　労働時間に対するビジネスパーソンの認識を示す資料として、ある民間の調査では、「仕事辞めたい理由ランキングトップ10」の中で、残業の多さは、5位にランクされていますね[3]。別の調査では、会社員が仕

---

[1]　出所：https://data.oecd.org/emp/hours-worked.htm

[2]　出所：https://www.konicaminolta.jp/business/solution/ejikan/column/workforce/long-working-hours/index.html

[3]　出所：https://tenshokuagent-pro.com/columns/261/

事に行きたくない理由の３位が「仕事が忙しい」[4]だそうです。私は仮説的には、残業の多さは、ビジネスパーソンの悩みのトップ３位以内には来ると思っていたのですが、働き方改革が重視され、企業の残業管理が厳しくなっている昨今では、私が若かったころほどには、残業時間の多さは深刻な問題ではないのかもしれません。

　それでも、私は、日本企業の場合、残業、言い換えると、（必ずしも重要でないものを含む）業務量の多さは、個人的にも組織的にもあると思っています。

　また、国際的な統計を引き合いに出しますが、公益財団法人日本生産性本部の調査によると、2017年の日本の時間あたり付加価値労働生産性は47.5ドル、これはOECD加盟国36カ国中20位という結果でした。主要先進７カ国の中では、1970年以降最下位が続いている状況です[5]。なぜ、労働生産性が低いのか、の理由の１つとしては、「残業ありきの習慣」を挙げる向きもあります[6]。

　私のこれまでの業務経験や直接間接に見聞きしてきたことに各種統計・調査のエビデンスを勘案すると、以下のようにまとめられると思います。

・国際比較などで見た場合、日本のビジネスパーソンの勤務時間は長い。
・ビジネスパーソンの意識としては、残業・もしくは業務量の多さは、悩ましいことがらの１つではあるが、最も深刻な問題ではなさ

---

[4] 出所：https://nlab.itmedia.co.jp/research/articles/98416/

[5] 以上は、「HR大学」より。出所：https://www.hrbrain.jp/media/labor-management/labor-productivity1

[6] 出所：https://www.101s.co.jp/column/laborproductivity/

そうだ（むしろ、人間関係に悩んだり、低い給与に不満をかかえるビジネスパーソンが多い）。
・同じく国際比較した場合、日本のビジネスパーソンの労働生産性はあまり高くなく、勤務時間が長い割には成果は少なく、それが企業単位の収益力の低さや、国単位で見た場合のGDPの伸び悩みにもつながっていると推察される。企業単位の収益力の低さは、給与水準に対するビジネスパーソンの不満にもつながるだろう。

　上記の通り、残業（業務量）が多いことの裏をとろうとして各種統計やアンケート結果をみた結果、ビジネスパーソンの悩みは他にもいろいろあることをあらためて認識させられましたが、残業（業務量）が多いことはやはり問題視すべきと考え、分析を続けたいと思います。

　私は、残業（業務量）が多いことには、大きく以下の3つの要因があると思います。

　・組織（会社・部署）の仕事の仕方の問題
　・上司の仕事の指示・指導の問題、同僚・顧客とのやりとりの問題
　・個人の仕事の仕方の問題

それぞれを見ていきましょう。

1．組織（会社・部署）の仕事の仕方の問題

　私が30年弱、自分が勤務してきた企業や取引先の業務の行い方を見ていますと、1個1個の仕事に関し、時間や人員をかけすぎているような気がします。おおよそ、企業が行う業務を分解すると以下のような要素になるのではないでしょうか。

　a．なんらかの調査・分析
　b．調査・分析を受けた自社の製品やサービスに関する意思決定

c. 製品やサービスの製造（サービスのコンテンツやシステムの作成）

d. 製品の販売・サービスの実施

　上記の a〜d のプロセスは、異なる人材を用いて行われ、あまたの個人の作業や会議の実施がふくまれていますね。私は製造業では、勤務経験がないので、自分が属してきたサービス産業の世界で考えてみると、たとえば、金融業（銀行）の場合は、以下のようになります。

a. 顧客ニーズや新商品に関する調査

b. a. を受けての商品やサービスの開発や改善の方針決定

c. 決定された方針を受けての商品やサービスの開発や改善

d. （新）商品の販売・改善されたサービスの実施

　上記のほぼすべての段階で会議が行われますが、会議の回数が多すぎ、質が低いということが挙げられます。朝日新聞デジタルによると、『1万人規模の企業では、1年間に約67万時間、約15億円も「ムダな会議」に費やしている』との調査結果もあります[7]。

　また、いわゆる稟議システム（各部署の下位の社員から上位の社員へ決定が段階的になされること）などに、不要に多くの人員を投入しているように感じてきました。残念ながら、こうした組織（会社・部署）の非効率的な仕事の仕方は、一朝一夕に改善できるものではなく、みなさんが、社長でも部門長でもない場合は、短期的には可変ではなく、与件とせざるを得ないですね。ただし、会議の問題については、1部員・1課員からも提案できる方法はあります。

---

[7] 出所：https://www.asahi.com/articles/ASM4L7FYGM4LULZU015.html、人材サービスグループの研究機関「パーソル総合研究所」と立教大学の中原淳教授（人材開発）が、6千人のビジネスパーソンへの調査から、ムダな社内会議による損失の推計を出したもの。

2．上司の仕事の指示・指導の問題、同僚・顧客とのやりとりの問題

　次の問題は、自分の所属する組織全体ではなく、直属の上司や同僚・顧客の問題です。簡単にいえば、どんなに自分（個人レベル）の業務の効率をあげても、上司の仕事の仕方に問題があれば、不要な業務が増えます。また、同僚の仕事の仕方も同様で、かつ、コミュニケーションがうまく取れていない場合も、そうですね。顧客に関しても、（失礼ながら）先方の担当者の段取りが悪かったり、考え方が合理的でない場合なども、業務の進捗に遅れが出ます。より具体的に見ていきましょう。

　まず、上司の仕事の指示・指導の問題です。大昔、「上司は選べない」というような歌が流行っていました。今ならさしずめ、「上司ガチャ」とでも言いましょうか。私自身の社会人生活を振り返ると、上司には恵まれたと思います。性格や能力は人それぞれでしたが、総じてよく面倒を見ていただき、いろいろなことを学ばせてもらいましたね。ただ、いろいろな組織に多様な人材がいますから、常に上司との関係が良好で、快適な毎日を過ごしている方ばかりではないと思います。上司とのやりとりで一番問題なのは、上司自身の段取りの悪さで、業務遂行に時間がかかることです。要するに目標に行くためのナビがまずいということです。もうひとつは、上司の能力の問題で、仮説の立て方や仕事の着地点の見通しが不適切で、結果的に不要な業務指示を出したり、作業のやり直しが起こったりすることです。

　次に問題なのは、上司の性格というか、人間関係ですね。まず、人間関係では、どんなタイプの人ともうまくやっていける、と言い切れる人はいないと思います。組織の中で、どうしても好き嫌い、ウマが合う・合わないがあって、物事がはかどらないということです。いろいろなタイプの人間に対応でき、包容力のある上司ならばいいのですが、能力の高い低いにかかわらず、人の好き嫌いの制御できないタイプの上司にあたり、結果的に好かれないと一生懸命やっているつもりでも、やたらとげとげしいフィードバックを受けたり、評価も厳しくつけられたりす

る、ということがあると思います。また、成果品に対し、自分の望んだものと違うとき、あまり改善ポイントをフィードバックすることもなく、単にだめだしされたりされるのもつらいですよね。

　2つ目の問題のもう1つの面は、同僚・顧客とのやりとりの問題です。まず、同僚の場合は、上下関係がなく、対等なので、ウマが合わないからといって、いじめられるようなことはないでしょう。ただ、チームを組んで仕事をしているときに、自分は適切に作業を進めているのに、同僚の段取りや成果品の質が低く、その影響をうけることはありうると思います。ちょうど、駅伝をやっているようなもので、自分の前の走者がブレーキになったり、自分の後の走者がブレーキになり、結果的にチームの成績がふるわない、という感じでしょうか。

　顧客とのやりとりでも、不要な業務は増えることが往々にしてあります。顧客の場合、当方がしっかりとした仕事をしていれば、クレームもなく、関係がギクシャクすることはないでしょうが、そうした場合でも、顧客サイドで段取りや成果にいたるアプローチがまずいとやはり結果的に不要な業務をさせられたり、作業の進捗が滞ったりすることがありますね。

　ただし、このレベルの問題は、自分自身の努力で、勝手な言い方をすると、先方の足らない点をカバーしたり、支えたりすることで、ある程度の事態の改善は可能であると思います。

3．個人の仕事の仕方の問題
　個々人の仕事の仕方・質は人それぞれですが、おそらく、よほどの天才的なビジネスパーソンでなければ、業務の仕方に常に改善の余地があると思います（自戒も込めて）。これはもう、自分の努力次第で、いかようにも変えられるものであり、ここでの頑張りで、2つ目の問題もある程度、緩和されます。逆に個人の仕事の仕方に問題があると、上司・同僚・顧客との関係も悪化し、残業も増えるし、評価も厳しくなり、最

終的には、健康面でも影響が出てきます。具体的に考えられる問題としては、以下のようにまとめられます。

・上司や周囲、顧客の期待に沿った成果が出せない
・一定の成果は出せるものの、成果品の提出のタイミングが遅い
・コミュニケーションの方法に問題がある（メールのレスポンスが遅い、言わんとすることが相手にわかりにくい、相手のメッセージを間違って解釈したり・見落としたり・忘れたりする）
・上記３項目の組み合わせ

　まとめれば、たったこれだけですが、上記４項目（４項目目は、「３項目の組み合わせ」なので、実質３項目）に私はまったく該当しない、という自信のある人は、おそらく、本書を読む必要のない方だと思います。

　本書は、まだご自分が万全ではない、発展途上であるとの認識のある方たちに、いくらかでも業務改善をしていただけないか、と筆を執っています。私の持論ですが、若いころは、仕事にかける時間と成果品の質は正比例するものだろうと思っていましたが、今は、「仕事にかける時間は短い人ほど、成果品の質は高い」と思っています。

　以上、「なぜ残業（業務量）が多いのか」という問題の要因は、組織・部署、自分を直接取り巻く人々、自分自身の３つのレベルに分けられます。問題の全体構造をまとめると、以下のような図に整理できます。

【問題構造】

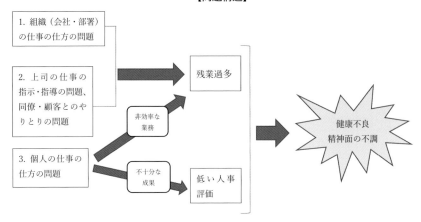

　ここで重要なのは、残業が多い（業務量が多い）という問題は、自分のコントロールできない組織全体やコントロールが難しい所属部署の仕事の仕方の問題と個人の仕事の仕方があいまって引き起こされているということです。1．の改善は、1個人の力では短期間では極めて難しく（ほとんど不可能と言えるでしょう）、2．もなかなか容易ではない、ただし、3．の個人の仕事の仕方は、自分の努力や工夫次第でいかようにも改善でき、自分の職業生活への満足度や健康もかなりの程度、改善できると思います。

第2章　どうすれば残業を減らすことができ、
　　　　仕事の質が高まるのか

　第1章では、なぜ残業（業務量）が多いのか、を考察しました。結論としては、以下の3段階の問題があると説明しました。
　　・組織（会社・部署）の仕事の仕方の問題
　　・上司の仕事の指示・指導の問題、同僚・顧客とのやりとりの問題
　　・個人の仕事の仕方の問題

　では、こうした問題をどのように軽減・克服すべきかの大まかな方法論を考えてみましょう。

　結論から言いますと、第1章の問題構造を以下のような状態に転換することが重要と思います。

【問題が改善された状態（目指すべき姿）】

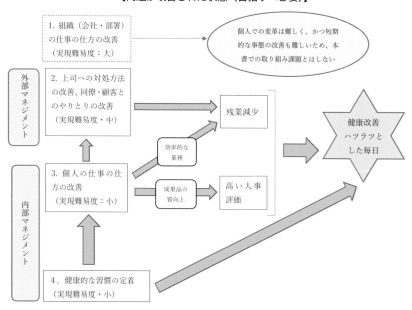

それでは、異なるレベルの問題への対処法を見ていきましょう。

　1つ目の問題は、繰り返しになりますが、社長や経営幹部、部門長でないと簡単には解決できません。おそらく、本書の読者は、管理職になりたてくらいまでの若い方々を想定していますから、この問題にはあえて深入りしませんが、結論を述べると、しいていうならば、解決策は、以下の2つしかないと思います。

　1つは、出世して早く上級のポストに昇格し、みなさんの権限内で、業務の効率化を図るということです。もう一つは、社内で、あるいは転職（転社）して、より自立性の高い、プロフェッショナルなポストや仕事に就くことです。私自身の職業生活を振り返ると、どちらかというと、後者のアプローチで、仕事のありようやライフスタイルを改善できたように思います。すなわち、30代のなかば、2社目のコンサルティング会社でなんとか個人で開発コンサルティングの仕事を受注できるようになり、その頃はまだ、所属する会社も小さかったので会議も少なく、最初の1～2年は毎日、午後5時ごろ退社していました。それでも収入は、それまでの職業人生では一番高い水準に達していました。（その後、所属会社が大きくなり、自分が経営幹部になったこともあり、コンサルティング業務に加え、会議やマネジメントに割く時間が増えました。それで午後5時に退社するようなことはもうできなくなりましたが、それでも平均して午後8時前には退社していたように思います。したがって、睡眠時間も8時間は優に確保できていました。）
　ただ、いずれの解決策もやはり時間がかかります（本書では、より短期間で成果の上がる3つ目の問題に最も紙面を割きたいと思います）。

　ただし、組織（会社・部署）の仕事の仕方の問題のうち、「会議の回数が多すぎ、質が低い」については、1課員・1部員からも提案できる改善方法はあります。具体的には、以下の6点です。
　・目的・アジェンダを明確にする

・アジェンダ・資料は事前に告知・配布し、会議では、説明は最小限にして、質疑や議論を重視する
・開始時間だけでなく終了時間も決める（司会はタイムキーパーも務め、極力時間内に終わるようにする）
・参加者は必要な人に絞る
・議事録は簡潔に要点をまとめ、参加者全員に些末的なレベルまで細かく確認を求めない
・議事録は、話された内容よりも、会議で出された宿題や課題、その担当者や期日の確認に重きを置く

　次に、2つ目の問題は、抜本的な解決は難しくても、ある程度、自分の仕事の方法を工夫することによって、事態は改善できると思います。典型的な問題事象と取り組み方を考えます。

　まず、上司の問題について。はじめに第1章で述べた上司の段取りの悪さや力不足に関しては、残念ながら、特効薬はありません。なぜならば、部下であるあなたが上司に段取りをよくするよう注意したりアドバイスしたりすることは難しいですし、仮にそんなことができてすぐに改善してくれるようであれば、最初からできているはずであり、仕事の進め方のまずさや悪癖は簡単には直せるものではありません。ただし、上司とのコミュニケーション不足（上司側の問題）が問題である場合は、部下の側の努力で事態を改善することはある程度はできますね。すなわち、指示があいまいで成果品のイメージや提出期限が不明確な場合は、早い段階でそれらを確認するといいと思います。また、ある程度まで作業を進めた結果、上司の期待する成果品とずれている場合は、かけた時間や労力ももったいない、また、上司の失望感やフラストレーションも大きいでしょうから、早めの段階で「こういう感じでいいでしょうか」と確認するのが得策です。上司の期待した方向で成果品ができつつあれば、褒められるし、仮にずれていた場合も、早めのリカバリーが可能で、上司の苛立ちも最小限におさえられますから。とにかく、なんとな

く上司に声をかけるのを遠慮して、自分の手元で長時間、成果品・仕掛品をかかえることには全くメリットがありません。

　ほかに出来ることは、明らかに上司の指示や方向性が間違っていると思ったら、上司のプライドを損ねないような方法で、やんわりと軌道修正を仕向ける、たとえば、「ご指示の通り作業をし始めたのですが、ひょっとすると、こんなふうにするとより早くできるかと思ったのですが、いかがでしょうか」というように。それでもしうまく行ったときには、本当は自分のアイデアであっても、「……あの時、課長にアドバイスをいただいたおかげでうまくいきました」と上司を立てることも忘れずに。若いうちは、短期的な評価やボーナスなんかよりも力をつけることがなにより大切です。手柄なんて、上司に譲りまくればいいのです。本当にあなたの実力で部署の成果があがっているならば、１カ月や２カ月では目立ちませんが、いずれは、あなたの力量は評価されます。人事もしっかり見ているはずです。……と書いてきましたが、私の実体験ではあまりそういう経験はありません。なぜならば、私自身は上司に恵まれていましたし、上司にそんなアドバイスができるほどの力量を持ったことがないためです。ただし、今の自分の歳になり、上司の精神状態が分かる人間としては、上記のようにされたら、聞く耳を持つかもしれない、と思ったまでです。

　上司の性格の問題。これも、特効薬はありません。ただ、状態を悪化させることは容易にできますから、少なくともそれを防ぐべきでしょう。察するに、一番上司に嫌われるのは、かわいくない部下でしょう。かわいくない、というのは、上司のアドバイスを無視したり軽んじたり、陰でばかにしたりすること。どんなに本人の前でつくろってもあなたのそうした本音はばれてしまいます。それでもあなたが仕事ができれば、まだいいですが、上司からみて仕事が今一つ、ということだと大変です。よく職場でパワハラをするとか部下に暴言を吐くような上司のことを新聞・ネットなどで目にしました（さすがに最近は、各企業でハラ

スメント相談室などの相談窓口があったりして、減ってきているような気はします）。もしこの本を読んでいる方が、いわれなきいじめ、いじめと言わないまでも仕打ちを受けていると思ったら、相手から自分がどう見えているかを考えてみてください。もしあなたがきちんと上司に接し、かつ仕事もしっかりこなしている自信があり、それでも、関係がよくないのであれば、それは、もうあなたの責任ではありません。幸いなことに、上司は選べませんが、永久に上司が同じ人ということもありえません。最近は、社員から部署の移動を希望することのできるケースがありますし、基本、あなたも上司も人事異動の対象のはずですから、長くても2年くらいの辛抱で、環境は変わるはずです。

　あと人間関係をよくするための一つの方法として、SFを試すことをお勧めします。SFとは、Solution Focusの略語であり、1980年代半ばに米国で開発された、問題の解決を目指すワークショップ手法です。元々はカウンセリングの手法であったとのことです。近年は、欧州や日本でも普及しており、民間企業や政府機関・地方自治体で、さまざまな問題の解決に用いられています。私は、日本におけるこの手法の草分けともいえる青木安輝さんの『解決志向の実践マネジメント』[8]という本を10年ほど前に読み、プライベートや仕事で活用し、重宝しました。このSF手法の不思議なところは、「ｘｘｘ（問題状況）がｙｙｙ（改善された状態）のようであったらいいなあ」と具体的に頭の中に描くことで、結果的にそのビジョンが実現できるようになるというものです。私は以前親しかった友人との関係がふとしたことで、こじれていたことがあったのですが、ちょうどその頃、SFのことを知り、その元の状態を常に頭の中にイメージし、一定の時間が経過したら、関係が改善できた、ということがありました。そのメカニズムにはまだ私自身、消化不良の部分もありますが、要は、より良い昔の関係のイメージを強く想像することで、ときにぎくしゃくしていた自分の立ち居振る舞いが自然に柔らか

---

[8]　河出書房新社、2006年初版発行

くなり、また、時間の経過の要素もあって、人間関係が改善できたのではないか、と思っています。SFに関しては、仕事のコツの1つ[9]として、第5章でも事例を挙げ紹介します。

　これらのアプローチを駆使しても、それでも苦しかったら、転職・転社で緊急避難することを勧めます。もちろん、昨今、経済が絶好調でもない日本で転職・転社はそうやすやすとはできないかもしれませんが、これも、第4章で述べるような仕事の工夫で力をつけ、成果が出せるようになれば、いい転職・転社ができる可能性が高まると思います。もっとも力をつけたり、成果を出したりしていくうちに時間が経過し、苦手だった上司は、いなくなってしまうかもしれませんが（笑）。転職・転社に関しては、個人的に経験も多いので、別途、第7章でご説明します。

　次に、同僚の問題について。仮に明らかに同僚の段取りや要領が悪いと思っても、基本的にはリスペクトし、変に優越感をもって接したりライバル意識をもってとげとげした感じにならないように、淡々と対応するのがよいでしょう。同僚の段取りが悪くても、あからさまに指摘せず、やんわりと指摘する。あるいは自分のベターと思われる方法を自慢することなくやってみせる、と。また、同僚が苦労しているときは、手を差し伸べれば、いいと思います。人間、苦しいときに助けてくれた人のことは覚えていますから、長い目で見れば、かならずいいことになって返ってきます。えっ、自分が助けたために同僚が評価されたら癪にさわるですって。ちいせえ、ちいせえ。上で書いたことを繰り返します。若いうちは、短期的な評価やボーナスなんかよりも力をつけることがなにより大切です。手柄はじゃんじゃん譲りましょう。きっと何倍にもなって報われますよ。よく努力が報われないことがある、と高名なスポーツ選手が言われたりしますが、必ず勝ち・負けがつくスポーツの世

---

[9]　コツ（TIP）の通算番号⑲

界では、自分以上に競争相手ががんばった、ということも多々あるで
しょうし、特に野外でのスポーツなどでは、多分に気象条件や環境によ
る運不運があります。ビジネスの世界では違うと思います。必ず、やっ
た分だけ報われると私は信じています。

　最後に、顧客の問題について。顧客との関係は難しいですね。最近
は、昔に比べると、仕事を依頼する側といただく側の関係性がかなり平
等になってきたように思いますが、やはり、対等ではありません。顧客
に対しては、言葉遣い一つとっても注意が必要であることは論を俟た
ないと思います。ただ、あるべき姿としては、顧客にとり常にいいパ
フォーマンスを示し、彼らにとって、ありがたい・かけがえのない存在
でありたいですね。そこに近づければ、自然とリスペクトされるように
なり、一方的な指示や注文は減り、妥当な金額設定や当方の事情を考慮
した納期設定がしてもらえると思います。なぜならば、常に期待したよ
うないい仕事をしてくれる人は手放したくないし、失礼なことをして逃
げられるのがこわくなるからです。よって、まず、当方の力量に磨きを
かけること、それにより、顧客にリスペクトされる存在になり、双方の
やり取りの中で作業効率が高まるようにリードすることが、業務の効率
化ひいては、残業の減少につながると思います。「リードする」ことの
より具体的な説明は、仕事のコツの1つ[10]として、第5章であらためて
述べたいと思います。

　3つ目は、個人の仕事の仕方の問題でした。第1章では、具体的に考
えられる問題としては、以下の項目を挙げました。

・上司や周囲、顧客の期待に沿った成果が出せない
・一定の成果は出せるものの、成果品の提出のタイミングが遅い
・コミュニケーションの方法に問題がある（メールのレスポンスが遅
　い、言わんとすることが相手にわかりにくい、相手のメッセージを

---

[10]　コツ（TIP）の通算番号⑩「対周囲のマネジメント」

間違って解釈したり・見落としたり・忘れたりする）

　これらの問題には対処のしようがあります。ただ、あまりにも多岐にわたり、こまごまとしているため、具体的には、第４章で別途、説明したいと思います。

　最後に本章の冒頭の図に戻りましょう。まとめると、以下のように言えます。第１章の「問題構造」に示した３つのレベルの問題のうち、１つ目の「組織（会社・部署）の仕事の仕方の問題」は短期間でいかんともしがたく、我慢するしかない。２つ目の「上司の仕事の指示・指導の問題、同僚・顧客とのやりとりの問題」は、自分の努力である程度は、事態を改善できる。３つ目の「個人の仕事の仕方の問題」は、自分次第で、かなり改善することができる。よって、これらの努力（主に２番目・３番目の努力）で自分の仕事の効率化を図ることができ、それは、残業時間や（無駄な）業務量の短縮と成果品の質の向上につながり、より快適な日々が送れるようになる、ということです。ただし、１点重要なことがあります。それは、「問題構造」の図にはなかった、健康管理の視点です。自分の人生を振り返っても、50歳前までは、病気になった時以外は、さほど意図的に健康的な生活を送ろうとはしませんでした。しかし、今は自信を持って言えますが、若いうちから、健康管理を重視して、自分の体をケアすることは、仕事を効率化すること以前の非常に大きな課題です。健康を維持してこそ、いろいろな工夫や努力で事態を改善できるのであり、健康を損なっては、現状維持が関の山です。ビジネスパーソン向けのノウハウ本には、多くの場合、健康管理の重要性の視点が欠落していますので、本書では、あえて強調したいと思います。具体的には、第６章「あるべき生活像に近づくための11の健康習慣」で詳しく触れたいと思います。

第3章　ビジネスパーソンとしてあるべき生活像とは

　私は若いころは、やりがいのある仕事をずっとやっていけさえすればいいと考え、自分の人生をどうしたいとはあまり意識してきませんでした。ただ、50代になってから、人生の中でおさえるべきポイントのようなものが頭に浮かぶようになりました。別に他人にこうした考えを押し付けようとは全く思いませんが、人生晩年になって気づくよりも、若いうちから意識したほうが、より素敵な人生を送れるのは多分間違いなかろうと、やはり親戚の甥っ子に雑談するような気持ちで記したいと思います。

　私が人生で押さえるべき重要なポイントと思うのは、以下の４点です。

➢　やりがいのある仕事に就き、社会に貢献すること
➢　愛情ある生活を送ること
➢　財務的な生活基盤を築くこと
➢　健康を維持すること

　基本、この４点が満たされていれば、人生、万々歳と思うのですね。

　やりがいのある仕事とは、給与の多寡ではなく、生活の糧を得る手段として、自分が納得できる仕事です。やりがいは人によって違いますので、その人が納得していれば、世の中の仕事は、泥棒や犯罪以外はみな、あてはまると思っています。また、どのような仕事であれ、社会に貢献できる、というのが私の持論であります。成人して仕事に就いた場合、おそらく１日の３分の１は、仕事に費やしているのではないでしょうか。したがって、仕事を効率的に行い、成果も出し、また一定の自由

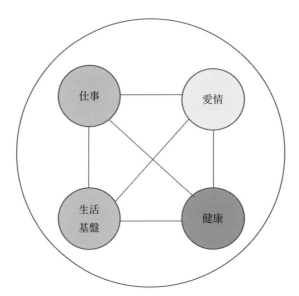

図：充実した人生のための4要素

時間を確保するということは、人生を送るうえで非常に重要ですね。そ
れがゆえに、本書も、メインテーマは、仕事のやり方になっています。
なお、本書は、すでになんらかの仕事に就いている人を対象としてお
り、キャリアガイダンスに重点はおいていませんが、今、30歳くらい
の人であれば、仕事の選択やキャリア形成も大きな関心事であろうと思
いますので、この点についても、第7章「その他の重要課題」で触れた
いと思います。

　愛情ある生活の愛情とは、基本的には、対人関係における愛情であ
り、家庭での人間関係や親せき・友人・恋人等との関係性を愛情ある形
で持てれば、人生は楽しいということです。このトピックは、私の専門
外でなにか言う資格も自信もないので、詳細は、割愛します（苦笑）。

　財務的な生活基盤を築くことも素敵な人生を送るうえで、重要です
ね。日本は、証券会社さんなどが小学生～高校生向けに出張ベースで経

済と金融の初歩や株式や証券市場について教えたりしてきましたが、ふつうに日本で学校生活を送り、社会人になった場合、基礎的な金融知識すらまだまだ十分に備わっていないと思います[11]。やはり、定年まぢかで貯えが少ない、と気づいても後の祭りですから、ますます長くなる人生をお金に困らずに全うするためには、少なくとも蓄財の基礎知識は早いうちから身に付けておきたいものです。かくいう私は、さほど蓄財に関心を持ってきたわけでも、大きな財を成したわけでもありませんが、銀行員であったので、なかば無意識のうちに心掛けていた事柄や今自分が30歳ならば、こうするだろうということをお伝えしようと思います。これについても、第7章「その他の重要課題」で触れたいと思います。

　最後に健康を維持すること。第2章の最後で、健康を維持することは、仕事を効率的に行う上でも、大事だと述べましたが、仕事との関係を横においても、健康でいられるかどうかは、素敵な人生を送れるかどうかにおいて、おそらく、最も重要な要素であると思います。しかしながら、残念なことに、健康な時は、健康のありがたさがわかりません。みなさん、子供のころに熱を出したり、寝込んだりしたとき、回復した直後、「健康ってなんてすばらしいんだろう」と思いませんでしたか。ただ、その感動や健康への関心は、ほんの2～3日で消えていたはずです。ことほどさように、健康への意識は常に後回しになりがちです。今述べたことは短期的な病気の話ですが、いわゆる生活習慣病などは、長期的な話であり、これも、ながーーーい間、自分の悪い健康習慣には気づかず、あるいは、頭でわかっていても是正せず、50代、60代で後悔している人は世の中にたくさんいます。

　一日のかなりの時間を使う「仕事」は言われなくてもみなさんの関心事であり、だからこそ、世の中にビジネス書の類いは、あふれんばかりに出版され、読まれているわけですが、それに比して「健康」は、特に

---

[11] 私は長年、その必要性を感じてきましたが、ようやく2022年度から高校で「金融教育」の授業が始まることになりました。

若い世代にはあまりにないがしろにされているという気がしてなりません。若いうちから、しっかりした健康管理を行ってほしいものです。

　ここまで読まれた読者の中には、著者は、「残業や不要な業務量を減らすべき」「業務の効率化」が大事……と言ってきたが、いよいよ、人生論と来たか、やけに話を大きくするな、と思った方もあると思います。確かに、私の当初の執筆動機は、日本経済が長期停滞状態にあり、さらにコロナ下で、それでなくても重苦しい毎日が続く中、「一生懸命やっているのに成果が出ない、いつも上司に怒られている人」が、仕事で成果をあげ給与が上がったり、「仕事のノルマがこなせず、残業に次ぐ残業に苦しんでいた人」が、午後5時に仕事を終え、アフター5で好きなことを満喫できるようになったりしてほしいと思ったのは事実です。しかしながら、この章であえて、議論のスコープを人生全体に広げたことには、大きな理由があります。

　1つ目は、仕事の効率化や残業の減少は、実は、大きな人生の一コマ、1要素に過ぎず、素敵な人生を送るための必要条件ではあっても、十分条件ではない、ということです。言い換えれば、仮に「仕事の効率化や残業の減少」が実現しても、他の要素が弱かったり、くずれたりしていたら、いい人生にはならないわけですね。そこで、人生全体がいい方向に向かうように、大きな視野を持って他の要素も考えてほしい、充実させてほしいと思いました。

　2つ目、実は、上記の4要素は、お互いに密接にかかわっているのですね。それぞれが独立した要素ではなく相互に大きな影響を持つので、要素間の関係性を悪循環ではなく、好循環にもっていくことが望ましいと考えます。

　悪循環のケースは、たとえば、こうです。

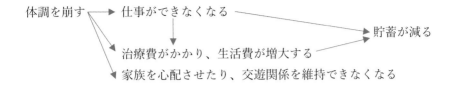

　ここでは、たまたま「体調を崩す」という1要素（健康）の問題から始まりましたが、4要素のいずれが崩れても、必ず他の要素に悪影響が出ます。

　好循環のケースは、どうでしょうか。

　まず、やりがいのある仕事に就いていることは、他の3つの要素の下支えになりますね。
　さらに、仕事の効率が上がれば、以下のような好循環が可能になります。

　したがって、本書で推奨する仕事の仕方を改善することにより、最終的には、いい人生・素敵な人生を送っていただくのが著者の願いであります。

第4章　業務の効率化・質の向上に向けた　　マクロレベルの11の対策

　本章では、第3章でお示しした「ビジネスパーソンとしてあるべき生活像」を実現するために、第2章で説明した「どうすれば残業を減らすことができ、仕事の質が高まるのか」の具体的な方法論に入りたいと思います。

　まず、第2章では、不要な業務を抱え、非効率な仕事の仕方になっている原因として、3つのレベルがあることを述べました。そして、個々のレベルへの対応方針もお示ししました。

　おさらいすると、以下の通りです。

【問題点】

・組織（会社・部署）の仕事の仕方の問題：会議の回数が多すぎ、質が低いということが挙げられる。また、いわゆる稟議システム（各部署の下位の社員から上位の社員へ決定が段階的になされること）などに象徴されるように、ビジネスプロセスの各段階で不要に多くの人員を投入している。

・上司の仕事の指示・指導の問題、同僚・顧客とのやりとりの問題
（上司の仕事の指示・指導の問題）

　　大きな1点目として、上司の仕事の指示・指導の問題がある。これは2点から成り、1番目は、上司自身の段取りの悪さで、業務遂行に時間がかかる。要するに目標に行くためのナビゲーションがまずい。2番目は、上司の能力の問題で、仮説の立て方や仕事の着地点の見通しが不適切で、結果的に不要な業務指示を出したり、作業のやり直しが起こったりする。大きな2点目は、上司の性格に起因する人間関係の問題。人の好き嫌いの制御できないタイプの上司に

あたり、残念ながら、ウマが合わず、やたらとげとげしいフィードバックを受けたり、評価も厳しくつけられたりする。

（同僚・顧客とのやりとりの問題）

　例えば、同僚の場合、チームやペアで仕事をしているとき、同僚の段取りや成果品の質が低く、その影響をうける。顧客の場合、顧客に示された段取りや成果にいたるアプローチがまずいとやはり結果的に不要な業務をさせられたり、作業の進捗が滞ったりする。

・個人の仕事の仕方の問題：典型的な例としては、以下の通り。
　－上司や周囲、顧客の期待に沿った成果が出せない
　－一定の成果は出せるものの、成果品の提出のタイミングが遅い
　－コミュニケーションの方法に問題がある（メールのレスポンスが遅い、言わんとすることが相手にわかりにくい、相手のメッセージを間違って解釈したり・見落としたり・忘れたりする。）

　上記のような各レベルの問題状況に対し、以下のような対応方針を示しました。

【対応策】

・組織（会社・部署）の仕事の仕方の問題：みなさんがまだ管理職でもない部員・課員の場合は、1年以内に事態が改善できるような短期的な対応策はほとんどない。ただし、会議の開催方法に関しては、6点のコツがある（p.18-19参照）。
・上司の仕事の指示・指導の問題、同僚・顧客とのやりとりの問題
（上司の仕事の指示・指導の問題）

　　上司の段取りの悪さや力不足に関しては、残念ながら、特効薬はないが、上司とのコミュニケーション不足（上司側の問題）が問題である場合は、部下の側の努力で事態を改善することはある程度はできる。指示があいまいで成果品のイメージや提出期限が不明確な場合は、早い段階でそれらを確認するとよい。明らかに上司の指示や方向性が間違っているという自信があれば、上司のプライドを損

ねないような方法で、やんわりと軌道修正を仕向ける。上司の性格が問題である場合は、特効薬はないが、SF メソッドで対上司の人間関係を改善することを試みる価値はある[12]。

（同僚の問題）

　仮に明らかに同僚の段取りや要領が悪いと思っても、基本的にはリスペクトし、同僚が苦労しているときは、手を差し伸べればよい。

（顧客の問題）

　当方の力量に磨きをかけること、それにより、顧客にリスペクトされる存在になり、双方のやり取りの中で作業効率が高まるようにリードすることが、業務の効率化ひいては、残業の減少につながる。

・個人の仕事の仕方の問題：第2章でも書いたように、これこそは、やまほど改善の余地がありますから、本章で以下、詳しく説明します。

　個人の仕事の仕方を改善する方法については、類書も多く、テクニックの問題と考える向きも多いでしょう。ただ、私は、階層的な考え方で、取り組むべきだと思っています。まず、一番下に「基盤」のレベルがあり、それは、健康管理です。その上は、「効果的スキル」の「下支え要因」です。そして、「効果的スキル」が、「業務の効率化」「業務の質の向上」の二本柱を実現します。これが、仕事上の問題が解決された状態です。さらにその上の一番上のレベルは、「仕事への高い評価を享受すること」「業務時間の短縮によるストレスの軽減」「十分な睡眠時間の確保」という生活のあるべき姿です。実は、「ストレスの軽減」「十分な睡眠時間の確保」は、健康管理の要点でもあり、一番下のレベルにループしていき、全体としての好循環が実現できるわけです。

---

[12] 第2章ではまだ説明しておらず第4章で詳述する、㉝「欽ちゃん哲学」も上司と折り合いが悪い場合は、効果的です。

以上を図示すると、以下のようになります。

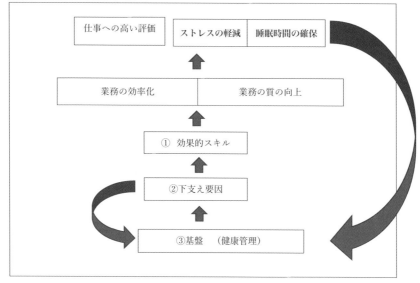

図：業務改善の階層構造

　より詳細に説明すると、①〜③のレベルごとに、複数の対策群・要素があります。

① 　効果的スキル：5つのグループ（対策群）があります。1つ目は、「サクサクと仕事を進める方法」で、業務の効率化に貢献します。2〜4つ目のグループは、「良い調査報告書の書き方」「メール交信」「いろいろな武器を使う」であり、これらのグループの対策は、業務の効率化と業務の質の向上の両方に貢献します。5つ目は、定型業務の質の向上であり、業務の質の向上に直結します。

② 　下支え要因：下支え要因は、効果的スキルほどの即効性はないものの、中長期的に業務の効率化や業務の質の向上に資するものであり、全部で6つの要素から成ります。具体的には、リスクマネジメント、GRIT、発想法・アイデアの作り方、ストレス・マネジメント、モチベーションの維持・向上、レジリエンスです。

③ 基盤：上記の通り、健康管理です。健康管理は、①効果的スキル と②下支え要因等上部構造全体を支えるわけですが、逆に、下支 え要因の中のいくつかの要素（GRITやストレス・マネジメント） は、健康管理の徹底にも役立ちます。

　上記の11個の対策群・要素は、さらに、細かなTIP（「コツ」「技」の 意味）から構成されます。全部で39あります。以下に、全体像を示し ます。

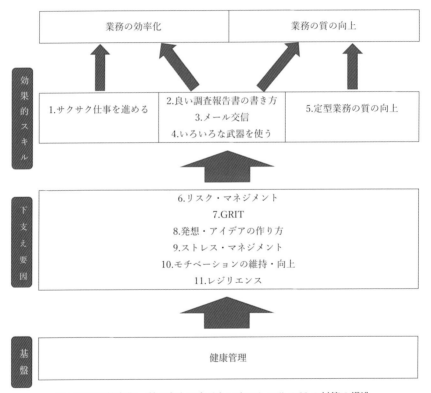

図：業務の効率化・質の向上に向けたマクロレベルの11の対策の構造

次の第5章では、個々のTIPを具体的に説明します。

第5章　業務の効率化・質の向上に向けた ミクロレベルの39のTIP

　それでは、第4章の最後にお見せした以下の構造に沿い、段階別に説明します。

① 効果的スキル

② 下支え要因

③ 基盤（健康管理、このトピックは、第6章で詳述します）

5－1．効果的スキル

　ここでは、5つのグループ（対策群）がありましたね。以下の通りです。

1）「サクサクと仕事を進める方法」（12の TIP：役に立つ実用的なアドバイス）：業務の効率化に貢献

2）「良い調査報告書の書き方」（4つの TIP）：業務の効率化と業務の質の向上の両方に貢献

3）「メール交信」（2つの TIP）：同上

4）「いろいろな武器を使う」（1つの TIP）：同上

5）「定型業務の質の向上」（2つの TIP）：業務の質の向上に直結

　では、1つ1つ説明します。

1）「サクサクと仕事を進める方法」

　このグループには、以下のような全部で12の TIP があります。

① パラレル仕事術

② 神経衰弱は役立つ

③ 段取り八分

④ 相手の立場に立つ

⑤　ついでにいろいろやる

⑥　待たされ時間の有効活用

⑦　分割すれば、取り組みやすくなる

⑧　重点主義と全数主義

⑨　暇なときは仕事貯金を

⑩　対周囲のマネジメント

⑪　信頼されること

⑫　活動の短期・中長期計画作成とモニタリング

①　パラレル仕事術

　　ふつう、ある瞬間に一つしか仕事を抱えていない、という人は少ないと思います。たとえば、社内で複数のプロジェクトに従事しているケースが一般的ではないでしょうか。具体例でいきましょう。例えば、今、難易度が同じような3つの仕事を抱えているとします。いずれも業務を完了して、成果品を提出する締め切り日は同じです。ふつうに作業したら、いずれも9時間かかり、締め切り日は3日後とします。その場合、あなたはどちらを選択しますか？

　　a. 1日に1つずつ片付けていく
　　b. 毎日3つの仕事を3時間ずつこなしていく

おそらく人によってやり方は、さまざまでしょう。私は基本、bの方法をとります。考えられる、メリットは、以下の通りです。

・1日に1つずつこなしていくと、途中で1日で終わらない仕事が出たときに、残りの仕事を非常に短時間でこなす必要に迫られます。おそらく、成果品の質にも影響が出ます。また、丸1日同じ仕事を続ける、というのは、飽きが来るもので、おそらく高い集中力を保つのは難しいです。それから、ごくごく簡単な事務作業・体力作業ではないある程度「重い仕事」の場合、その仕事から長時間離れていると、再開するのにパワーが必要になります。

・bの方法をとると、上記の問題がなくなります。まず、毎日、3つの仕事をするので、1つの仕事が極端に遅れることは避けられる。上司やクライアントから進捗を聞かれても、ゼロ回答は避けられます。また、1日3時間しか割くことができませんから、仕事に飽きが来ることはないし、比較的高い集中力を保てます。最後に上記の再開時のパワーの件も、毎日少しずつ進めていると、再開のパワーをさほど必要としません。なんでも大きな仕事をゼロから始めるのは、大変ですが、毎日少しずつやっていると、「あ、昨日はここまでできたんだな。よし、今日はもう少し先へ行こう」と着実に仕事を進めやすくなります。特に自分の苦手な仕事や嫌な仕事をいったん先へ延ばすと、無意識のうちに、自分の好きな仕事のほうに時間を割きがちで、結局、全体工程が遅れ気味になりますね。

　それから、パラレルに複数の仕事を続けるとよいことは、例えば、3つの仕事を交互にやっていると、1つの仕事をしているときでも無意識のうちに他の2つも頭のどこかで考えてくれ、突然いいアイデアが浮かんだりするのです。

②　神経衰弱は役立つ

　ここでいう「神経衰弱」は、だれでも子供の時に一度はやったことのあるトランプの遊びですね。私は、神経衰弱が得意でよく一番はじめに「あがる」ことができていました。これは、空間記憶力とでもいうのでしょうか（学問的な用語ではなく私の造語です）、どこにどのカードが置いてあるかをよく覚えていられる人が勝てる遊びですね。実はこの感覚、自分のPC上で、どこにどのファイルがあるか、瞬時に思い出すときに活かしていますね。

　さて、資料やファイルの整理法は、それだけで1冊の本になるくらいで、ご興味のある人はそういう本で本格的に研究されたらいいと思いますが、基本は、サブジェクトと時間軸だと思います。まず、1）サブジェクトで関連性のあるファイルを同じ島（フォルダー）に入れる、2）時間が経過してきたら、島の中で毎月、毎四

半期、毎年と時間軸でサブフォルダーを作り、ファイルをまとめ、ファイルを保存する。また、島の中のファイルが増えてきたら、島自体を分割する（サブフォルダーの作成）。3）時間的に古いファイルでも折に触れ、見る必要があるものは、別途、時間を超越した重要ファイルとして、特別な島に入れる。この3つのルールで、数百くらいのファイルは、簡単に整理できると思います。ただ1点、島（フォルダー）の数が増えてくると、PCの画面が島でふさがってしまい、どこにどのサブジェクトの島があるか、わからなくなるので、トランプの神経衰弱の要領で、この島はあのあたり、あの島はこのあたりと覚えておくと、サブジェクト→島→島中の島→島中の島中の島へとファイルの場所検索をするパスのうち、最初の「サブジェクト→島」が楽になると思います。あとPCでは、PC中のファイルのありかの検索もできますから、すぐに見つからない場合は、この検索機能を使います。以上で、見たいファイルは、3秒以内で発見できます。

　最近始めたのが、「空間付箋貼り」です。仕事が非常に忙しいとき、次から次へとメールが飛び込み、ある作業の最中に別の作業、さらに次の作業……がかぶさってきて、にっちもさっちもいかなくなることがありますね。そうしたとき、1秒も惜しいときの交通整理のために、自分の顔の周囲の仮想の空間にバーチャルな付箋を左から貼っていきます。とっさに3つくらいの事柄がわっと来た場合には、メモを取る時間も惜しいので、この空間付箋貼りでなんとかやり過ごします。3つ程度ならば、メモを書かなくても創造の付箋のイメージで貼り付けられますし、短時間ならば覚えていられます。

③　段取り八分
　これはもう、知る人ぞ知る、黄金律ですね。仕事がうまく行くかどうかは、準備段階（段取り）で8割がた決まるということです。私は、この法則をありとあらゆる局面で感じてきました。本を読ん

だり人と話をしたりすると、どうやらこれは、業界やセクターなどを問わず、当てはまる法則のようです。そんなことは当たり前だろうと思う人も多いと思いますが、段取り八分の重要性は、単に事前にしっかり準備すれば、うまく行く可能性が高い（高い成果が得られる）、ということだけではありません。大きく以下の2点のポイントがあります。

　1点目は、本番での精神的な安定が得られるということです。すなわち、段取りで8割がた、成功が決まるのであれば、事前にしっかり準備した、という感覚を持てさえすれば、成功は自然と向こうからやってくると信じられるので、本番であがったり、不安になったりすることが軽減できます。基本、自己完結できるプレゼンテーションなどでは、特にそうですし、相手がいる会議などでも、しっかり段取りができれば、おおよその議論は想定内であり、あわてたり、窮地に追い込まれたりする可能性が低くなります。ですから、段取りを充実させられると、大一番の前の晩でもよく眠れますし、特にあがり症の人にも効果抜群です。

　2点目は、本番でかかる時間が節約できること。これは、時間の決まったプレゼンテーションなどには当てはまりませんが、必ず一定の結論を出さねばならない会議やワークショップなどでは、威力を発揮します。つまり、段取りが充実しているということは、その場その場の場当たり的な対応がミニマムになるので、遠回りをせず、最短距離で議論が進むということです。段取りが良い場合と悪い場合では、会議などで生産性に格段の違いが出ます。段取りが悪い会議の場合、以下のような問題が起こります。

・冒頭から、会議の目的などに関する質問がでて、紛糾する
・事前に資料が配られていないため、資料説明に時間がとられる
・同じく事前に資料が配られていないため、参加者はみなその場で
　考え始めるため、出てくる意見に思いつきが多く、質の高い議論
　にならない

・結果的に結論に到達するのに時間がかかる、最悪の場合、言いっぱなしの会議で終わる

　段取り・下準備のできている会議の場合は、上記のような問題はほとんど避けることができます。

④　相手の立場に立つ
　　これは、メール交信や会議、作業の成果品の受け渡しなどにおいて重要です。特に急いでいるときなどは、どうしても自分中心に物事を考えがちですから、相手が期待したようなタイミングで返事を返したり、成果品を送ったりしてくれないときにはイライラしたり、腹がたったりしますね。ただ、期待通りに相手が動いてくれないときは、大概、なにかの事情があるもので、ただ単に相手がさぼっているというケースは、まじめな日本の会社ではまずないと思います。上記のようなケースでは、おそらくは、以下のような理由がありえます。

・自分のメッセージの意味が相手にとってわかりにくい
・（大変残念ながら）自分の用事が相手にとっては、優先度が高くない
・相手が複数の仕事を抱えており、即座に対応できない
・相手が仕事・作業の要領がよくないために仕事が遅い
・相手が突発的な事情で仕事に着手できない（本人の病気・事故、家族の病気・事故等々）
・相手が休暇を取っていたが、当方がそれに気が付かない

　したがって、相手が期待通りに動いてくれないときは、いろいろな事情・理由があることを考え、一方的にカッカしないことが大事ですね。
　あと、相手の対応に腹が立つ、フラストレーションを感じるときは、「では、自分は完ぺきにできているか」と自問することも大切です。

我々、案外、自分には甘いものです。こうして自分自身のふるまいを振り返ると、相手への過度な不満や憤りはコントロールしやすいと思います。

⑤　ついでにいろいろやる

　　思うに人はなかなか一時に２つ以上のことはできないですよね。一瞬、「そうだ、あそこに行ったついでにｘｘｘをしよう」と思ったり、「ｙｙｙのついでにｚｚｚもしてしまおう」と思っても、その時になると、他のことを忘れてしまう、ということはよくあると思います。若い方々は、そうでもないかもしれませんが（苦笑）。これも小さな知恵ですが、我々、常に複数の仕事上の課題を抱えていると思いますから、１つの機会に１つのことだけに専念せず、３つの作業をやっていれば、１つの作業中に他の２つに応用できること・同時にできることはないか、をいつも頭の隅で考えようとすると、いろいろとアイデアを思いつくことがあります。たとえば、

・ある人にものを聞かないといけないときに、他のこともついでに聞いてしまう、さらには以前言い忘れたお礼・お詫びをそのときに言う
・あるテーマでネット検索をしているときに、別の課題の検索も続けてやってしまう
・あるクライアントと仕事をしているときに別のご用はないか、とやんわり営業してみる（ただし、仕事がうまく行っていることが前提）

　こうした工夫をしていると、塵も積もれば山となる、で半年、１年と積み重ねると、かなりの業務時間の短縮になっているはずです。また、このような習慣は、仕事に限らず、日常生活にも応用でき、物事がはかどります。

他にも、
- ある仕事で作った作業工程図や概念図を別の機会に使ってみる
- ある仕事で効果的だったサーベイの方法を別の仕事で使ってみる

　最後の２つは、ついでにいろいろやる、というよりは、（いい意味での）「使いまわし作戦」とでも言ったほうがいいかもしれません。ただ、使いまわしも要注意で、常に状況を考えて、一度使ってうまくいった方法をもう一度使う、安易にコピペするのではなく、そのときどきの状況にふさわしい形へ改良・改訂することを怠らないようにしないと、効率化するはずだったのが、成果品の質、ひいては自分の評判を下げてしまうことにもなりかねません。

⑥　待たされ時間の有効活用
　　ちょっとしたことで待たされることってありませんか？「５分後に連絡する」と言われて、５分たっても連絡が来ないとか、あるいは、PCの稼働に時間がかかるとか、（海外などで）インターネットの接続に時間がかかる、とか。そういった場合は、ふつうは、すぐに問題が解消されるだろうと期待し、漫然と待つことをしがちですが、待っていると、５分が10分になり、10分が20分になったりします。不思議なんですが、そういうときに「あーー待ち時間がもったいない」と思い、気持ちを切り替えて、他のことを始めると、待っていた事柄が解決するのが早いような気がします。ですから、最近は、待たされ状態になったときは、今他にできることはないか、とすぐに考えます。他のことを始めて、待たされ状態が解除されたときは、本来やるべきだったことにすぐ戻ればいいですし、結果的に、短時間ではなく、長時間待たされることになったら、その間に一仕事できてしまいますからね。

⑦　分割すれば、取り組みやすくなる
　　仕事には、作業量の多い、何日もかかるような大きな塊の仕事も

あれば、短時間、場合によっては、30分程度でできる仕事もありますね。後者は、特に問題ないと思いますが、問題は、前者の大きな塊の仕事です。自分の目の前に巨大な山がそびえたつようで、テーマに興味があればともかく、通常は、作業を始めるだけで、気合が要ります。気分が乗らないとつい後回しにしたりしますね（これは悪循環につながります）。こうした大きな塊の仕事を攻略するTIPは、以下の２つがあると思います。

　１つ目は、大きな塊をできるだけ細かく分割することです。もし、この仕事の最終的な成果品がなんらか報告書を作成することであれば、報告書の目次案を作成することです。目次案は、はじめは、粗々の大項目だけで作成し、徐々に細かく、大項目→中項目→小項目と作っていきます。それで、この小項目レベルの作業が、１日見当になるとよいと思います。たとえば、報告書が60ページで、小項目がページ分あれば、毎日１ページずつ片付けていくようなイメージです。

　ただし、このTIPで重要なことは、この最終成果品＝報告書の目次案（粗々でもよい）が、上司であれ、クライアントであれ、了解をとれる、あるいは、既にとったものであることです。もし、目次案がよく練られていないと、途中で、目次構成の再編成が必要になります。すなわち、俗にいう「手戻り」であり、時間も余計にかかり、完成日もずれこんでしまいますね。

　こうした細分化をすることで、毎日やることがわかり、当初の漠然とした不安やストレスからも解放されます。毎日進捗を感じることができ、必ず頂上に着けると思えるので、励みにもなります。作業に着手する際にも抵抗感やおっくうさが軽減できるんです。

　２つ目のポイントは、毎日必ず、先へ進めるということです。毎日必ず少しでも作業を進めておくと、それが習慣になるので、「今日はまあいいか」がなくなり、進捗がはかどりますし、忙しいとき疲れているときでも、作業に向かうことへの抵抗感がさらに薄れます。ところが、途中まで順調に進んでいても、「たまには休もうか」

とか、「予定より順調だから1日、2日手を付けなくても大丈夫だろう」と思うと、すぐに数日が過ぎてしまいます。さらに、作業と作業の間に間隔が空くと、前回どこまで行ったっけ？　とエンジンがかかるのにも時間がかかります。よって、どんなに少しでもいいので、毎日歩みを続けることをお勧めします。

⑧　重点主義と全数主義

　なにか物事を処理しようとするときに、全体を完全に把握しようとする性分の人がいると思いますが、言ってみれば、それは「全数主義」で、「重点主義」はその逆です。私は基本、「重点主義」であり、QCの7つ道具のABC分析（パレート分析）にヒントを得て、いろいろな仕事のいろいろな局面に使っています。仕事や作業には、いろいろな種類があるので、この方法は、すべてのことに当てはまるとは限りません。ただ、調べる対象が100個あったとき、一つ一つのすべてに当たらないといけないということは常に必要ではないはずです。8割方おさえれば、大丈夫というケースが存外多いのではないでしょうか。具体例として「議事録」を挙げます。

　どこの会社でも、会議は日常茶飯でしょうし、議事録も付けるケースがほとんどと思います。議事録における「全数主義」というのは、会議での発言をできるだけ一字一句記録しようというやり方です。これは、言うまでもなく、大変な労力がかかりますね。しかも、完ぺきを期すために、会議全体を録音して、いわゆるテープ起こしをするなどは、本当に大変です。しかも、参加者全員にそれを送って確認をとる（大部の資料を読ませる）、と。ただ、そこまで正確な議事録が本当に必要でしょうか？　私は、ほとんどの場合、そこまでの必要はないと思います。議事録は、通常、議論の要点と決まったことを書けば、十分に用は足りると思いますし、逐語記録よりもむしろ大事なのは、決め損ねたことを提起したり、フォローすべきことを明確にするということではないでしょうか。

⑨　暇なときは仕事貯金を

　サクサク仕事を進めるうえでのもうひとつのTIPは、比較的手す
きなときに将来必ず必要になることや提出日にまだ余裕があるよう
な課題を前倒しで片づけてしまうことです。そんな暇はない、と思
われる方もあるかもしれません。しかしながら、本書に書いてある
ようなことをいくつか実行していくうちに仕事がはかどるように
なったら、必ずそういう余裕が生まれますし、仕事というのは、必
ず隙間時間や待ち時間があるものです。そういうときにぽかーんと
息抜きをするのも悪いことではないと思います。しかしながら、必
要もないのにネットサーフィンを始めたりすると、のめりこんで
あっという間に10分、20分と経ちますし、そもそも勤務時間中で
あれば、必ずしも賢明な時間の使い方ではありませんね。

　そういうときには、上に述べたような形で仕事を前倒しで行うこ
とをお勧めします。これを私は仕事貯金、と呼んでいます。

　仕事貯金の大きなメリットは2つあります。

　1つは、そうした隙間時間の有効利用で、思いのほか、作業が進
むということです。1日10分、15分であっても、1週間で1時間
になり、1時間あるとちょっとした小さな仕事は片付いてしまうも
のです。いくつもの仕事を抱えてモグラたたきのような対応を余儀
なくされているビジネスパーソンにとって、1匹でもモグラがいな
くなることは精神衛生上もプラスになりますね。

　もう1つは、仕事貯金により、不意のトラブルや体調不良に見舞
われた際に、納期に間に合わなくなることを回避できる可能性が高
まるということです。常に1日分くらいの仕事貯金があると、体調
が悪いときにすぐに病院に行ったり、休んだりすることができま
す。人に迷惑をかけず体調の回復に努められることは精神的にも大
変いいです。私は、常日頃、貯金できる仕事ネタを探し、急ぎでな
くても前倒しでやってしまい、2日くらい仕事を休んでもなんとも
ないような状態作りを目指しています。

　ここまで、暇なときの仕事貯金作りについて説明しましたが、暇

でないときでも仕事貯金は有効です。それはどういうことか、というと、作業の目標としていた定時退社時間になったときに、ほぼほぼ作業の目途がたったからと言って、今日はここまででいいや、とスパッと切らずに、ちょっとだけ無理して、もう少しだけ質を高めたり、目標の90％まで行っていたら、92％、95％まで持っていくと。こうしたちょっとした無理による仕事貯金も長い目で見ると、大きな利子がついて返ってきます。

⑩　対周囲のマネジメント

　　次のTIPは、自己完結できる仕事ではなく、周囲との関係性です。第2章にも書きましたが、効率よく仕事を進め、残業を増やさないためには、自分の周囲、すなわち、会社の同僚の人たちや顧客との間でスムーズにやり取りを進めることが大事です。その際、大事なことは、自分自身がペースメーカーになることです。みなさんは、同僚・同じチームの方たちや顧客とのやりとりにおいてどんな感じで仕事を進めていますか。社歴の若い方だと、自分から仕切ったり、指図したりすることはとてもできないと思われるかもしれません。ここでは、そうした強いリーダーシップよりも、もう少し地味なペースメーカーの役割を意図しています。例えば、チームであれ、対顧客であれ、まず、仕事の計画（いつまでに誰がどこまでやるか）は明確になっていますか？　もし漠然として計画しか立てていないとしたら、あまり効率的な仕事の仕方ではありませんね。もしそうであれば、まず、計画を明確化するように仕向けましょう。月単位でしか決まっていないのであれば、週単位ならどうなるか、聞きましょう。やんわりと提案すれば、よほどのことがなければ、まず嫌がる人はいないと思います。月単位が週単位になるだけで、日々の活動がより効率的になります。仕事の間の優先度がつけやすくなるからです。

　　次に、当初よりもう少し計画がしっかりしてきたら、何をしますか？　今度は、モニタリングです。いつまでに誰がどこまでやるか

が決まっていれば、まずは、自分が締め切りを守るとして、それだけでのほんとしているのはもったいないです。今度は、明らかに遅れている人がいれば、さりげなく、進捗状況を聞いたり、TPOが許せば、より明確なリマインダーを送ったりするのが効果的です。おって、3）「メール交信」（メールの活用法）のところでも述べますが、もちろん、書きぶりにはそれ相応の注意・気配りは必要です。対顧客関係では、間違ってもリマインダーを送られるようなことがあってはいけませんね。それは、半分、クレームのようなものです。相手が顧客であっても、先方よりも少し早く、「ｘｘｘの段取りがそろそろ必要ですね」とか「ｙｙｙにそろそろ着手しましょうか」といったメッセージを送れると、この人はしっかり進捗管理ができる人だということで、相手からの信頼も徐々に高まるようになります。信頼が高まると、困ったときに配慮してもらえるなど、いい循環で仕事が回ります。

⑪　信頼されること

　⑩で「信頼」という言葉が出ました。信頼を得ることは、仕事を効率よく進めるうえで、非常に重要です。なぜならば、いったん信頼されると、意見を尊重される機会が増えたり、最終判断を任されたり、当方の意見が通りやすくなるので、意見の調整がスムーズにできるからです。そもそも、相手とのコミュニケーションが楽というか、気持ちよくなります。

　では、どうすれば、信頼を得られるか。一番の基本は、質の高い成果品をだすことでしょう。ただ、それは、本書の随所で書いていますので、別の側面から考えましょう。質の高い成果品以外で信頼を得る方法は、期限や時間をしっかり守るということです。まず、大きな成果品でなく、ちょっとした事柄でも、一度、「ｘｘｘを目途に出します」と言ったら、なにがあってもそれを守ることですね。できれば、その期日よりも、1日でも早く対応できれば、なお可です。これは、対顧客でなく、社内においてもそうです。実は口

にした目安を必ず守れる人は案外多くありません。1日くらいずれてもしょうがないかなと思う人が半分以上ですね。だからこそ、期限をしっかり守れる人はいい意味で目立ちます。そういう人には、仕事やチャンスが回ってきます。

　ただ、こうした習慣は仕事の要領がよくないと徹底できないですし、仮に期限は100％守れても、成果品の質が今一つでは、効果半減ですね。逆説的ですが、成果品のレベルや先方の期待値が高ければ高いほど、今度は、1日の遅れよりも質の低さが致命傷になります。したがって、締め切り日を優先するか、成果品の質を優先するかは、よくよく考えないといけません。

　あと信頼を得るために簡単にでき、効果絶大なことがあります。よく新入社員へのブリーフィングでお話しするのですが、それは、待ち合わせ時間の厳守です。これは、仕事の技量や技術が特別に高くなくても、心がけ次第で100％可能ですね。例えば、海外に調査団で行く場合などは、毎朝のように集合しますし、日中や夜も、集合することがあるでしょう。そうした場合に、絶対に遅れない、しかもできれば、一番早く来ている、というのは、難しくない割には、信頼感を獲得するのに一番手っ取り早い方法です。また、それとなく「仕事ができる人」感が醸し出せます。私は、通常の待ち合わせならば、10分前、重要な待ち合わせの場合は、30分前の到着を目安にしています。後者の場合は、手持無沙汰であれば、本でも持参して読んでいれば、いいでしょう。あと、ちっちゃなTIPですが、腕時計の針を3分くらい進めておくと、ぎりぎりのときに助かります（人によると思いますが、私は3分進めておいたことをすぐ忘れてしまいますので一笑）。

⑫　活動の短期・中長期計画作成とモニタリング
　みなさんは、日頃、業務や活動の計画をどんな形で立てていますか？　毎日の仕事がルーチンであり、また、当面（数年間）同じ仕事でよい、ということであれば、さしあたっては、計画などなくて

も毎日は回っていくかもしれません。えっ、そんな仕事ってあるの？　あるんです。私が大学を出て最初に就いた仕事、外為トレーディングはそういう仕事でした。毎日、毎日、市場とにらめっこし、買い時と思ったら、あるいは顧客に要請されて、米ドルを買う。売り時と思ったら、それを売る。もちろん、経験を積めば、トレーディングの技術は向上しますが、OJTの側面が強く、書物で研究したりするよりは、基本、毎日、ひたすら売った買ったを繰り返し、一定期間のトータルで、そこそこのもうけが出ていれば、一応安泰です。

　ただ、そうしたケースはまれでしょう。普通は、営業・販売・事務・総務・生産・商品開発等々、どういう部署でも毎日ずっと同じことだけやっていればいいということは、アルバイト的な仕事以外では、まずないと思います。では、どのように計画を立て、仕事をするべきか。まず、若いうちにやりがちなのは、目先の1週間ぐらいだけを考えて行動することですね。余裕がなくなってくると、1週間どころか、今日明日しか視野にはいらなくなります。若いうち、仕事がまだ比較的単純であるうちはそれでもいいでしょう。しかしながら、入社して、1年、2年、3年と経ち、経験を積んでくるとだんだんより複雑な仕事を任されたり、複数の人を束ねるような仕事を期待されたりするようになります。そうすると、短期的な視野では、出たとこ勝負、その場しのぎになり、効率的な仕事はできません。では、どうしたらいいか。まずは、計画です。ただし、そんなに先々まで、緻密な計画を立てる必要はありませんし、立てたとしても状況は変化します。よって、長期の計画（半年～1年）は粗々に立てる、期間が半年、3カ月、1カ月、1週間と短くなってきたら（これらの周期ですべて計画を立てる必要はありませんが）、より緻密にしていくのがコツです。そして、1日単位になったら、朝、まずその日にやるべき仕事をリストアップする、そして、優先度の高いものから、1つ1つ取り組んでつぶしていく。どうしてもできなければ、翌日に回す。週末に1週間単位でやるべ

きことを考えたり、来る1カ月の単位でやるべきことを考え、以前立てた計画に修正を加える。これがモニタリングです。P-D-C-Aというサイクルは、よくプロジェクトのマネジメントで使いますが、日々の仕事でもこの考え方は、使えます。極端な話、1日の中でもP-D-C-Aサイクルはありますし、1週間単位、1カ月単位でもあると思います。この計画立案→実行→モニタリング→計画修正・あらたな計画立案というサイクルは、日々、これを意識するとよいと思います。

2)「良い調査報告書の書き方」

本節では、どのような仕事でも大概は書かなくてはいけない調査報告書について述べます。

全部で以下の4つのTIPがあります。

⑬　文章の書き方における3段階分割法
⑭　報告書の書き方（総論）
⑮　出口・着地点の明確化、さらに目的の再確認
⑯　調査の仕方・調査報告書の書き方（具体例）

⑬　文章の書き方における3段階分割法

まず、報告書を書く前提としての文章作法です。特に学校でもあまり書く訓練を受けなかった方たちへの簡単なアドバイスです。私は、大学は文系でしたが、長文を書くような訓練・機会は全く受けていませんでした。一番長い文章を書いたのは、年度末の試験のときのみ。その際も、当時の試験は、先生の教科書や板書内容から出題されており、記憶に基づいて、その内容を吐き出すという感じですかね。どちらかというと、記憶力試験であったように思います。そんな形で大学生活を終え、卒業後数年勤めたのが、銀行でした。外資系の銀行では、為替トレーダーでしたので、文章を書く必要は全くありませんでした。日本の銀行に勤めた時は、国際金融部

におり、多少の分析メモは書きましたが、やはりごくごく短文の報告書でした。より本格的に文章を書くようになったのは、コンサルタントになってからですね。ただ、私の文章執筆経験は、上記の通りだったので、なかなか文章はうまくなりませんでした。30代半ばでクライアントに報告書を出していた頃も、「文章の書き方を勉強したほうがよい」とはっきり言われたこともあります。その後、特別な鍛錬はしませんでしたが、何冊も何冊も報告書やレポートを書くうちに、クレームはほとんどなくなりました。最近は、学会に所属して、数本、査読論文も書きましたが、文章に関しては、査読者から指摘を受けたことはほとんどありませんでした。今から思えば、本は結構読み漁っていたので、本を通じて、自然に文章の書き方を習ったのではないか、また、仕事を通じて、何本も人の書いた報告書を読んだので、それも文章の書き方を学ぶ機会になったのではないか、と思います。まとめると、ある程度お手本となる文章を何百、何千と読むうち、自然と身に付いたのかもしれません。ということで、文章上達の方法は一つではないと思いますが、文章力はある程度読書量に比例するのでは、と思います。そういえば、名のある作家の方たちの話を聞くと、相当の読書家でもある方が多いような気がします。

　それ以外に文章上達法はないか、と言われると、１つ思いつくのは20年ほど前から意識してきた「３段階分割法」です。これは、私の会社が、1995年に大学生の海外視察ツアー（訪問先はインドネシアでした）を企画した際に、彼らに見聞きしたことのレポートをまとめてもらう機会があり、その際に、日頃自分が意識している方法を伝授したのでした。３段階とは、以下の３段階です。

・一番下（１番目）は、１個の文
・２番目は、複数の文から構成される段落
・３番目は、複数の段落から構成される文章ですね。

一般的にビジネスパーソンが書くような文章は、必ず、この３段階で構成されますね。それで、なぜわかりやすい文章と分かりにくい文章があるかというと、この３つの段階のどこかに（最悪すべての段階に）問題があるからだと思います。よって、この３つのレベル全てに配慮すれば、わかりやすい文章を書けるはずです。

　まず、３番目は、文章全体の論理構成の問題であり、例えば、起承転結に代表されるような論理的な流れがあるかどうかだと思います。１番目と２番目の問題は、つきつめると字句の配置の問題であると思います。さらに詳しく書くと、このトピックだけやたら長くなりますし、私自身、文章の書き方の専門家ではないので、どうしたものかと思っていたら、自分が20代、30代に文章を書く際のバイブルにしていた本があったのを思い出しました。それは、朝日新聞の名物記者であった、本多勝一さんが書かれた『日本語の作文技術』[13]という本です。まだ自宅の本棚にこの本があったので、今回、30年ぶりくらいに読み返してみました。そうすると、上記の「１番目と２番目の問題」に関する有益なアドバイスのオンパレードでした。ここから先の具体論としては、読者の方に、本多さんの著書を読まれることをお勧めします。

　このようにして、書き上げたものの文章→段落→文を見直し、逆に、文→段落→文章をチェックすると、読み手にもわかりやすい読み物となると思います。

⑭　報告書の書き方（総論）

　　次にお伝えするのは、元々本の書き方として、ある本で教わった方法ですが、報告書にもそのまま適用できると思います。書いてみると、実に簡単でものの数行で終わります。

　　すなわち、以下の４ステップで作業するということです。言い換えると、最初から成果品の完成形をできるだけ具体的にイメージするということです。

---

[13]　朝日新聞社、1982 年

1．目次案をしっかり作る（大項目、中項目、小項目まで）
2．小項目の目安のページ数を立てる
3．完成までの日程表を作る（1日ｘｘページで書き、ｙｙ日後には仕上げると）
4．3．をグラフや表にして、日々進捗状況をモニターする

　ということです。上記の2～4までのステップは、さほど難しくはありませんが、1番目のステップが一番大変で、多少、年季のいるところですね。ただ、報告書というものは、ある程度標準的な目次は容易に入手できますし、企業の所属するセクターや社員が属する部署を問わず、報告書の現物（過去の報告書）も簡単に手に入ると思います。そうした現物を研究し、工夫を重ねるとよいと思います。

　上記のようなステップは、日頃の業務が忙しいとなかなか行う気持ちの余裕がないと思いますが、こうしたある程度細かい執筆計画があると最終的には完成も早いです。2年程前に英文で300ページほどの報告書を編集したことがありますが、最初の目次案の作成には2～3週間かかりましたが、その後は、粛々と作業を続けることで、無事に当初の納期に間に合わせることができました。経験的には、分厚い報告書であればあるほど、当初の執筆計画が重要であると思います。ちなみに私が本書の前に執筆した著書と本書の執筆でも、上記のような方法で編集していますが、どちらの場合も、当初計画よりも早く執筆でき、本項の冒頭に書いた本の翻訳者の方も「私も実施したら、すごく早く本を書くことができた」と帯で語っています。

　最後にもう1つ、作業を分割して表にすることの大きなメリットは、1日1日の進捗はちっぽけで達成感はなくても、ｘｘｘ日後には立派な成果品ができる、とはじめからイメージできることです。最終ゴールの見えない大部の報告書の作成は、ときに嫌になるような作業ですが、着地点がその姿と時間軸の両方で明確に見えると、日々のちっちゃな進捗もちょっぴり楽しくなります。

⑮　出口・着地点の明確化、さらに目的の再確認

　このTIPは、上述の報告書の目次案作りに関係します。既述の通り、すでに雛形や標準形がある報告書の場合は、目次作成にはさほど苦労はありませんが、問題は、非定型業務の調査などで、過去に類似の報告書がないようなケースです。そうした場合は、まず、何のための調査であるのか、目的をしっかり確認します。目的は、ふつう、調査報告書の序盤でも書きますね。目的は、顧客から委託された調査であれば、大概、なにかしら、業務指示書のような文書があり、そこに書いてあるはずです。それがきちんと文字数も多く、論理的に説明してあればいいのですが、目的が簡潔にしか書いていなかったり、まとまりのない文章で説明されている場合は、顧客としっかりコミュニケーションをとり、目的を明確化することが重要です。目的を明確化したら、次の段階は、最終的な成果品（報告書自体が成果品であれば、その中の一番肝の部分、タイ焼きのあんこの部分）です。これも、顧客や依頼者から明確な指示があればよいですが、そうでない場合は、そのイメージをできるだけ具体的に明確にする必要があります。明確化した最終的な成果品のイメージもできるだけ早い段階でクライアントとすり合わせを行うのが安全です。クライアントによっては、目次案だけ合意すれば、あとは任せてもらえるケースもあるかもしれませんが、目次案だけだと、いざ提出した段階で「えーー、こういうイメージじゃなかったんだけどなあ」と悔しいフィードバックを受けることになります。ボタンの掛け違いに途中で気づくほど残念なことはなく、作業工数もかさみますし、信頼にも影響します。

　目的と最終成果品が明確になったら、次は、最終成果品を生み出すための方法、すなわち、調査の方法を考えます。調査の方法は、目的や最終成果品により大きく変わってきますので、一律に適用できる万能なものはないと思います。ただ、これも調査手法に関する本などを見られたら、手がかりやヒントはいくらでもころがっているでしょう。目的・成果品・調査方法が決まったら、あとは、実際

に調査を行うだけです。目次は、通常の場合、目的から始まり、大部の報告書ならば、要約、そうでなければ、調査の骨子（いわゆる5W1H）、結論、結論に至った理由（＝調査結果）、最後に補足資料や参考資料の添付になります。

　あと調査について大事だと思われることは、これは、私が経営コンサルタントとして駆け出しの頃、上司に言われた言葉ですが、仮説検証的な調査を行うということです。初心者がやりがちなのは、調査の目的や成果品イメージがあいまいなまま、とにかくざーっと情報や資料をかき集め、役立ちそうなことをピックアップするという方法です。この方法は、想定する結論、立証したい結論がないために、作業量が増えがちで、また、おびただしい手戻りが生じる可能性があります。いざたくさんの情報をかき集めても、着地点が定まっていないので、無駄になったり、なにも面白そうな結論が出ないということですね。ただし、難しいのは仮説の設定で、これが的外れだとまた、時間がかかります。なぜならば、的外れの仮説は立証できないので、集めても集めてもしっかりした根拠になる材料が出てこないからです。では、筋のいい仮説をどう作るか、これは、一朝一夕には身に付かない技量で、やはり場数・経験を積む必要があると思います。

⑯　調査の仕方・調査報告書の書き方（具体例）

　ここでは、より具体的に「調査の仕方・調査報告書の書き方」の具体例をお示ししましょう。

　具体例というからには、あまり抽象的な書きぶりではいけませんので、筆者が長年、開発コンサルタント[14]として従事した、海外で実施されるODA（政府開発援助）事業の評価業務のケースを例にとります。もう少し具体的に言いますと、ODA事業のうち、一定規模以上の大掛かりなものは、必ず、外部者（事業を管轄する

---

[14] ODA事業に携わり、途上国の開発を支援するコンサルタント

JICA ＝国際協力機構　以外の人間による、という意味）による評価を受けることになっており、結果も JICA のウェブサイトを通じ、全世界に公開されます。一定規模以上の大掛かりなものというのは、具体的には以下のような事業です[15]（ココから先は、少し専門的になりますが、具体論のほうがわかりやすいと思うので、お付き合いください）。

・有償資金協力（円借款事業）：低金利かつ返済期間の長い緩やかな貸付条件で、開発途上国に必要な資金を貸し付け、途上国の発展への取り組みを支援するもの。
・無償資金協力：開発途上国などに返済義務を課さないで、経済社会開発のために必要な資金を贈与する援助手法。
・技術協力プロジェクト：技術協力事業は、開発途上国の課題解決能力と主体性（オーナーシップ）の向上を促進するため、専門家の派遣、必要な機材の供与、人材の日本での研修などを通じて、開発途上国の経済・社会の発展に必要な人材育成、研究開発、技術普及、制度構築を支援する取り組みであり、特に、「専門家派遣」、「研修員受入」、「機材の供与」を含め、さまざまなメニューを最適な形で組み合わせて実施するもの。

　以下に、調査がどのように行われるか、調査報告書を書く上での注意事項はなにかを説明します。以下では、できるだけいろいろな分野にも使えるよう、専門用語は控え、内容も多少一般化します。

1．事前準備
　1）予備知識：調査の対象国の当該セクター分析、相手国の一般的な政治・経済事情の把握など済ませておく
　2）日程の組み方：後半にゆとりを持たせる

---

[15] 以下の説明は、JICA ウェブサイトによる。（https://www.jica.go.jp/activities/index.html）

3）ローカルコンサルタント＊の手配：特に自分の専門分野の範囲外の仕事では、調査を円滑に行ったり、調査の質を高めたりするために、必要不可欠な存在。フィーの安いところよりも質のよいところを選ぶ、調査の趣旨をよく理解してもらい、しっかりとした動機付けが重要。

＊現地（相手国）のコンサルタント

4）評価グリッド[16]：既存の例を参考に情報源を多様化することが重要

5）質問票の作成方法：最終成果品に対応する形で設計する

2．現地調査

1）調査対象：実施機関（評価対象となる事業を実施する相手国側の政府機関）や関係者（受益者）

2）インタビュー技法：Semi-structured[17]のアプローチを用いて行う

＊＊＊インタビューにおける留意事項＊＊＊[18]

・事後評価の目的をしっかり説明し、その重要性を理解してもらう

・彼らの仕事に関心を持ち、敬意を表する

・事前にできるだけプロジェクトやプロジェクトの分野（例：運輸、上下水道、電力等々）について学んでおき、ごく基礎的なことは聞かなくても済むようにする

・質問は、単に What, Why, How をぶつけるのではなく、可能な限り、自分が多分こうではないか、と仮説的に設定した状態を確認する形で行う

---

[16] グリッドとは、格子（状のもの）、方眼（状のもの）、送電網、配管網などの意味を持つ英単語。評価グリッドとは、表形式で、縦軸に評価項目を列記し、評価項目ごとにどのような評価設問を設定し調査を行うかの方法を示すもの。

[17] 「半構造化」と訳し、定型の質問に加え、必要に応じ派生的な質問や深掘りの質問を行うインタビュー技法。

[18] 以下は、主に拙著『開発コンサルタントという仕事』（日本評論社、2020年）、p.48から抜粋した。

・相手の回答の文脈がわからなくなったら、立ち止まり、今おっしゃったことを整理すると、つまり、××××というとですね、と確認する（私の経験では、理路整然とインタビューに応じてくれる人は多数派ではありません。言われたままをメモに取ると、あとでホテルに帰って、「えーー、これはどういうことだ？」「こことあそこは矛盾していないか？」ということがよくあります。通常、同じ人に二度聞き取りができることはまれですから、情報の不足や論理矛盾については、極力、聞き取りの最中に気づくことが重要です）

・期待する（望ましい）特定の回答に回答者を誘導しない

・聞き取りはてきぱきと行い、同じことを何度も聞かない

・簡単な情報からどんどん回収し、質問票の途中で立ち止まらない

・節目節目で、全体を何度もなめるように確認する

・インターネットや発行されている統計書などでわかることは相手の手を煩わせず、自分で調べる

・相手が統計など生情報を持っているときは、それをそのまま受け取り、先方が情報を加工する手間を省く

・必要に応じ、議事録やメモを作成し、書かれた文章で確認を求める（情報の正確性が高まりますので、非常に重要です。その際、協力への謝辞も忘れずに）

3）調査団内マネジメント：単独の調査ではなく、調査団として行う場合は、雛形や原稿執筆要領を準備し、業務全体を効率化する

4）業務日誌：毎日の進捗を簡単に記す。クライアントへの報告用。クライアントを安心させられ、後々に報告書の執筆にも非常に役立つ

5）臨機応変さ：いもづるの情報収集（聞き取り相手から重要な情報を持つ別の人を紹介してもらう）や必要に応じ、当初予定にないとっさのインタビューも行うこと

3．報告書の作成

　コンサルタントとしての評価報告書の最大のポイントは、単に事実を整理してわかりやすく記述するだけでなく、質の高い提言・教訓を導くこと。提言・教訓は、論理性が命であり、言い換えれば、提言や教訓を導いた理由が理路整然と述べられていなければならない。以下のように多様なレベルがあるが、プロフェッショナルとしては、最低、第3段階を目指す。

　第1段階：思いつきのレベル、報告書本文に十分な根拠すらない。

　第2段階：報告書本文での分析結果に基づくが、無意識に記述している。

　第3段階：報告書本文での分析結果に基づき意識的に記述している。ODA事業の評価における代表的な視点である事業の「効率性」「自立発展性」の場合、以下のように分析を行う。

　「効率性」の場合、事業の成果・コスト・スケジュールが当初予定（あるべき姿）どおりにいったかどうかをまず確認する（予実績の対比と言います）。もし、予定通りにいかず、成果が少なかったり、より多くの費用がかかったり、より多くの時間がかかったりした場合は、どうして計画と異なったかを掘り下げ、これをあるべき姿にもっていくための方策を考える。フローは、次のとおり。

　当初予定→結果→差異把握→事業効果への影響分析→原因分析→対策

　「自立発展性」の場合、施設（円借款事業や無償資金協力の場合）・組織（能力開発などを支援する技術協力プロジェクトの場合）の現況→あるべき状態との乖離→組織・技術・財務の各面からの持続性の検証、と展開する。

　第4段階：以上は、現地を訪問してから行うことであるが、現地を訪問する前に、基礎的な資料・情報を収集し、その分析に基づいて、すばやく仮説を設定し、分析を行う。

いかがでしょうか？　みなさんのお仕事で書かれる調査報告書の参考になったでしょうか？

なお、我々コンサルタントが事業の評価調査を行う場合、必ずしもその事業の属する分野の専門家であるとは限りません（分野の専門家でもあれば、理想的ではありますが）。なぜならば、ODA事業の分野は、おおよそ政府がサービスを提供するすべての分野（行政、財政・金融、環境、運輸、電力、産業政策、保健衛生、教育等々）であるからです。たとえば、大学時代からずっと文系で、たとえば、金融や経済の分野でキャリアを積んできた人が、電力発電所の建設という事業を評価する場合は、どうしたらよいか？　まず考えられるのは、「餅は餅屋」ということで、その分野の専門家（電力会社の社員や電力セクター専門のコンサルタント）と組んで、調査団を構成したり、調査団を組成しないまでも、調査のアドバイザーになってもらったりすることです。ただ、自分自身が事業のテーマ（この場合は、発電事業）にまったくの門外漢であると、いかにいい助っ人がついても、そもそも基本的な用語の意味もわからず、事業内容の良し悪しが適切に判断できません。よって、付け焼刃でも、当該テーマを短時間で勉強することがマストになります。ただ、門外漢がいきなり、専門家向けの本を読んでも、おおよそちんぷんかんぷんですし、一般読者（大人）向けの本ですら、咀嚼は容易ではありません。そこで、私がとった方法は、あるテーマについて学ぶにはまず子供・小学生用の本を読むことでした。例えば、『岩波ジュニア新書』のような本です。これにより、事業のテーマの基礎の基礎をしっかり理解することができ、専門家のサポートにより、事業の分析・評価がしやすくなりました。

3）「メール交信」

ここでは、大きく2つのTIPがあり、1つ目の「効果的なメールの使い方」には、4つのルールがあります。

⑰　効果的なメールの使い方

⑱　ものの言い方＋ありがとう

⑰　効果的なメールの使い方
　　最近は、仕事を進めるうえで、いろいろなツールが増えていると思います（仕事でメールよりもチャットを主に使っている人も多いかもしれませんが、以下は、コミュニケーションの基本ですから、基本的な考え方はおそらくチャットにもあてはまるのではないかと思います）。メールの使い方次第で仕事は効率的にも非効率にもなります。私は、メール交信において以下の4つのルールが効果的であると思います。

　　1つ目のルール：まずは、要返事メールを溜めないことです。みなさんは、受領メールの返信にどれくらい時間をかけていますか？　この場合の「時間」というのは、メールを受信してから返事するまでの時間という意味です。まず、受領メールは、以下の3種類に分かれます。
　a. 返事の必要のないメール：これは読んで「わかった」と終わりにすればいいメール、大事なことであれば、PCの中のしかるべきフォルダーの中にすぐ保存、そうでなければ、No action でいいですね。
　b. 返事の必要があるが、返事の作成に時間のかからないメール：これは、できるだけ、Yes/No、あるいはあなたの意見をすぐに返すべきです。
　c. 返事の必要があるが、返事の作成に時間のかかるメール：これは、即座には返事しにくいかもしれませんが、その場合は、一刻も早く、受領確認のメールを返すべきです。
　まとめると、bやcのようなメールは、できるだけ早く返すことが重要で、受領してから1時間以内には返すようにしましょう。特にcのようなメールこそ、即答はできないまでも、「受領しました。ｘｘまでには返事します。」と早く返すことが大事ですね。そうすることで、自分の仕事もてきぱきと行えますし、なによりも、メールを送った相手を安心させることができます。メールの送信後、半日、1日と経過すると、

送った側は、イライラし始め、まず「見落とされたのか」と考え始め、催促メール（あまり送りたくはないものです）を送るべきかどうか考え始めたり、相手に対し徐々にネガティブな感情を育てたり、逆に自分のほうになにか不手際があるのでは、などと考えるものです。いずれにしても、遅いメール対応は、同僚やクライアントに不信感を持たれる原因になります。あと私の経験では、メール返信が早い人は大概、仕事もできます。返信の早さと仕事の能力は明確な相関関係があるのですね。また、メール対応が早いと未解決の事項が常に少ないですから、いろいろな問い合わせやリクエストにも素早く対応が可能になります。相手から来るメールに即対応できると、自分のペースで仕事ができます。基本、常時、「未読・未処理メールゼロ」の状態を目指しましょう。

　２つ目のルール：とにかくわかりやすい内容を送ることです。意味の分かりにくいメールをもらうとすぐ返事ができずに、作業のスピードが落ちますね。通常、「ｘｘｘｘという意味ですか」というような確認メールを送ることになり、自分の時間が余計に消費されています。これは、逆に自分が意味のわかりにくいメールを送ったときも同じで、相手に負担をかけます。よって、まず、メールの送り手としては、すぐに送る前にできるだけ読み返し、誤字脱字をチェックするとともに、文意がきちんと伝わるかどうかをチェックしましょう。少なくとも、よいメールの送り手になれれば、メールコミュニケーションの半分（片道）はOKですから、メールのやりとりにかかる時間をその分、短縮できることになります。また忙しいときは、なかなかメール原稿の読み返しをしないものですが、読み返しをどの程度しっかり行うかは、メール自体の重要性で判断しましょう。例えば、上司やクライアントに送るメールであれば、しっかり複数回見直すなど。

　３つ目のルール：一番古いメールから返事しないこと。メール交信でよく見かけるのは、時系列でやりとりがどんどん展開してるのに、一番古いメールから回答するがゆえに、頓珍漢なメッセージを送ってしまっ

ているケースです。さりとて、到着メールの新しい順から見ていって片っ端から返事するのも賢明ではありません。複数の人がたたみかけてメールを送ってくる場合に、それまでのメールがすべて最新のメールに残っているとは限らないからです。一番安全なのは、まず、上から順にざっとひととおりメールに目を通し、次に同じサブジェクトごとに一連の関連メールを見たうえで（既読メールを複数回往復して見ます）はじめて、一番新しいメールに返事を返すことです。

　４つ目のルール：相手の質問に明確に答えること。メールのやりとりで相手にＡですか、それともＢですか、と尋ねられたとき、はっきり回答せず、長々と考えを説明する人がいます。当然、読み手は、どっちなんだよ、とイライラしますし、解釈に苦しみます。まず、どうして明確な答えが返ってこないかというと、質問者が、選択肢を不適切に絞り込み、大事な選択肢を書き落としていること（妥当な選択肢の漏れ）や選択肢が単純に２つに限られないことなどが考えられます。そんなときは、ＡかＢか、YesかNoかで答えられず、長々と説明したくなるのでしょう。ただ、それでも、できるだけ相手の意に沿った回答をまず返すべきと思います。簡単に「Ａです」「Ｂです」と言えない場合は、「どちらかといえば、Ａに近いですが、ｘｘｘｘも考えないといけないと思います」「ＡもＢも一長一短と思います。よって、私は、両案のいいとこどりをしたＣを提案します」などと。これで、議論は確実に前進しますね。本ルールでは、回答者（メールの受け手）の姿勢を問題として取り上げましたが、上記の通り、質問者（メールの送り手）も相手が回答に困るような質問は避けたいところです。

　それから複数の質問を受けているのに、答え漏れがあるケースや質問を誤解してコメントを返されるケースもままありますね。質問する側が注意することは、質問の数や内容を明確にすること、答える側が注意することは、とにかくメールや質問文を落ち着いてよく読み、早とちりを避けることが大事と思います。

⑱　ものの言い方＋ありがとう

　　これも、メール交信における TIP ですが、大事なことなので、上
の「効果的なメールの使い方」とはあえて、項目を別建てにして、
説明します。まず、メールは、書き方により、淡々とメッセージを
伝えているつもりが、相手は、そっけないなとか、機嫌が悪いの
か、ととったりすることはありがちで、当方の助言や注意を必要以
上に強くとられたり、あるいは逆に真剣なメッセージを真摯に受け
止めてもらえない、というケースがあるように思います。メールで
できることに限界はありますが、相手とのコミュニケーションが少
しぎくしゃくしてきたなと思ったら、以下のような工夫をしてみた
らいかがでしょうか？

・相手からのメッセージに毎回返事せずとも、「ずっと返事なし」
　は極力避ける
・相手の性格を否定しない、否定的なことを指摘する場合も、特定
　の行為やモノに対してコメントする
・当方にも非があるかもしれない、という気持ちを文面ににじませ
　る
・相手にポジティブなこととややネガティブなことを言うときに
　は、前者は本音よりも20％強く、後者は20％弱めて伝える。ま
　た、前者（ポジティブなこと）は、順番的に後者（ネガティブな
　こと）より後に書く。

　もうひとつは、お礼・感謝の意思表明です。これこそは、メールなら
ではのメリットです。何か相手に頼んで、適切な対応、迅速な対応をし
てもらったときには、それは○○さんの仕事だから当たり前だよな、と
思わずに、率直にお礼や感謝を示すのがよいと思います。そうしたメッ
セージを受け取って、嫌な人はいませんし、今後のやり取り・関係も円
滑に進むと思います。ただ、これをメールではなく、口頭でできるかと
いうと、ちょっと大げさになりすぎる感もありますし、そもそもコロナ
下では、簡単に会うこともできないかもしれませんね。心にもないお世

辞を言う必要はなく、むしろ避けるべきと思いますが、「助かった、ありがとう」が心に浮かんだ時には、素直に表現したらよいと思います。

４）「いろいろな武器を使う」（⑲）

　仕事の上で重宝するのは、いろいろな分析の手法です。最近、いろいろな手法をとりまとめた本もたくさん発行されていますので、詳しくは、そうした本にあたっていただければ、と思いますが、個人的には、以下の手法が重宝すると思います。

　・QCの７つ道具
　・ロジックツリー
　・フェルミ推定
　・SF手法

　まず、「QCの７つ道具」の「QC」は、Quality Control（品質管理）の略語であり、科学的に製品の品質を管理する方法ですね。1950年代に来日されたアメリカの統計学者デミング博士による各種統計手法や、品質経営の考えの紹介・指導が、その嚆矢と言われています。特にQC活動を現場段階で行う従業員の小集団をQCサークルといいますが、これはわが国独特のもので、メーカーのみならず第三次産業にも急速に普及しました[19]。QCの７つ道具は、命名の経緯などはつまびらかではないようですが、こうしたQCサークルでの活動などを通じ、整備されていったようです。生産部門に従事している方々には、釈迦に説法かもしれませんが、私のように、文系のビジネスパーソンとして、製品の生産や開発にまったく携わってこなかった人間でもこうした手法にはいろいろな局面でお世話になりました。具体的な使い道を説明しましょう。まず、QCの７つ道具の概要は、以下の通りです[20]（７つ道具については、

---

[19]　主に『流通用語辞典』の記述による。

[20]　出所：https://engineer.fabcross.jp/archeive/190131_qc7.html

専門書もありますし、ネット検索でもいろいろと情報が出てきますから、ご興味のある方は調べてみてください）。

1．パレート図：不良や故障などを原因や現象別に多い順に並べて、対策の優先順位決定に使います。
2．チェックシート：検査、測定するごとにシートにマークすることで、即時判断を可能とします。
3．グラフ：データを図示して、状況を分かりやすくします。
4．ヒストグラム：データの範囲を10区間ほどに分けて、各区間の度数を棒グラフにして分布の状態を示します。
5．特性要因図（魚骨図）：狙いとする不良などの特性に関連すると思われる要因を魚の骨状にブレークダウンしていくことで、対策への重要項目の漏れを防ぎます。
6．散布図：2組の特性を縦軸と横軸にとり、データを打点することで両特性間の関係を示します。
7．管理図：横軸に時間やロット番号、縦軸に特性値をとった折れ線グラフですが、管理限界線が表示されており、不良が発生する前でも異常状態を発見します。

　これらの道具は、基本、工場での生産工程でのカイゼンに用いられるような道具ですが、われわれのような文系のコンサルタントでも使い手のある道具が含まれています。個人的には、パレート図、特性要因図（ほぼほぼロジックツリーと同じです）、散布図は、汎用性が高いと思います。また、管理図における「異常値」という概念は、社会調査を行っていて、データの信ぴょう性を確認するうえで大事な問題意識を持たせてくれます。

　2番目のロジックツリーは、これも非常におなじみの用語ですが、ある問題がなぜ起こるのかという全体構造を段階的にツリー上に原因—結果のロジックで整理したり、ある課題を実現したりするためにはなにを

したらよいか、という課題への取り組みアプローチを目的—手段のロジックでやはりツリー状に整理したもので、さまざまな問題の原因分析や課題を実現するためのアプローチの体系化に大変役立ちます。ロジックツリーを作成する際に注意しておきたいポイントとして、出されているポイント・切り口に漏れとダブりがないこと、いわゆるMECE（Mutually, Exclusive, Collectively, Exhaustive）が強調されます。ロジックツリーは、おそらく適用できない分野がないくらい、普遍的な分析手法と思います。

　３番目のフェルミ推定は、ここ10年くらいの間に急速に有名になった手法ですね。一見予想もつかないような数字（例：テニスコートが全国にいくつあるか）を、論理的思考能力を頼りに概算することです。企業戦略を考えるコンサルタントが手元に十分な情報がないときに全体像をつかむ際に使う手法として有名になりました。外資系の経営コンサルティング会社の面接ではよく、こうした考え方ができるか、試されたようですが、今では、そうした面接の攻略本まで出版されていますね。日本のようになんでも情報が簡単に手に入る状況でない土地や国での調査などで、情報不足で行き詰まったときなど、重宝すると思います。一例を挙げます。

　たとえば、みなさん、もし「1970年（私が小学校４年生時です）における日本全国の電子レンジの販売台数はいくらか？　なにも調べごとをしないで推理してください」と聞かれたら、どう答えますか？　以下は、私が実際に３分くらいで出した結論です。

　まず、以下の算式で数字を推定しようとしました。

　　　　世帯数×１世帯当たりの電子レンジ保有数

　次に、世帯数がわからないので、これは、（日本の総人口÷１世帯当

たりの家族数）で出そうとしました。まず、日本総人口は、その頃多分、1億人ちょうどくらいだったであろうと。1世帯当たりの家族数は、親2人に子供2人で4人と考えました。

　次に、「1世帯当たりの電子レンジ保有数」が非常に難しいのですが、小学校のある授業の最中、担任の先生が、「今、おうちに電子レンジある人、手を挙げて」と言ったときに、クラスで1人しか手を挙げなかった（私でした）ことを思い出しました。それで、1人の生徒は1つの世帯と考えていいだろうと思い、1÷40（当時の1学級の人数）を「1世帯当たりの電子レンジ保有数」にみたてました。その結果を上記の計算式にあてはめると、

　　$(100{,}000{,}000 \div 4) \times (1 \div 40) = 625{,}000$（台）

になりました。

　正解を調べてみると、次のようでした。1970年の日本全国の電子レンジの生産台数は、約40万台とのことです。結構いい線、いってませんか？

　政府の統計における正しいパラメーター（人口の数字と世帯数です）で逆算してみると、Y（1世帯あたりの電子レンジ保有数）は、以下のようになります。

　　$30{,}300{,}000 \times (Y \div 40) = 400{,}000$
　　$Y = 400{,}000 \div 30{,}300{,}000 \times 40$
　　$Y = 0.528$

　上の計算でどこにずれがあったかを検証したのですが、3つの大きなポイントのうち、

　・人口は、ほぼOK

68

・単身世帯の存在などを考慮せず、1世帯＝4人とやや過大に見たため、世帯数は、やや過少であった
・1世帯当たりの電子レンジ保有数が過大であった

ということもわかりました。

　最後の SF（Solution Focus）手法は、既に第 2 章でもご紹介した1980年代半ばに米国で開発された、問題の解決を目指すワークショップ手法です。ここでは、別の例で、SF 手法の活用方法を説明します。SF は、以下のような手順で行います[21]。

① 　OK メッセージ：いわゆる Ice breaking（ワークショップ参加者同士を紹介したり、リラックスさせたりすることを目的としたセッション[22]）
② 　プラットフォーム：議論のテーマとなる課題の設定
③ 　フューチャーパーフェクト（完全未来像）：上記課題に関連した理想的な将来像の設定
④ 　ソリューション・リソース：フューチャーパーフェクトに向けての手がかりの探索
⑤ 　スケーリング：現状とフューチャーパーフェクトの間の距離感の把握
⑥ 　スモールステップ：フューチャーパーフェクトに向けてまず着手できることの確認
⑦ 　フォローアップ：定期的な改善度合いの確認

---

[21] 以下は、『解決志向の実践マネジメント』（青木安輝著、河出書房新社、2006年初版発行）による。
[22] 基本的に数名の参加者がテーブルを囲むように座り、1 人に関し、他の参加者が、彼・彼女のいい点や素敵なこと（仕事ぶり、性格、日頃の態度等々）を列挙することをお互いに、全員に関して行うもの。

こうした手順に沿った議論を行うことで、個人やグループ、あるいは組織が抱える問題を解決したり、課題を実現したりするのに役立ちます。

　私も実際に SF 手法を用いて、ODA 事業の現場でワークショップを行いました。あるときは、バングラデシュの地方都市で市長室のみなさんと都市のビジョン（あるべき姿）を構築するために行ったり、またあるときは、カメルーンの中小企業のみなさんと各企業の企業ビジョンを作るためにこの手法を用いたりしましたが、総じて参加者の満足度は高いものがありました。後者がどんなあんばいだったかを説明します。

　私はカメルーンの中小企業振興のためのプロジェクトに従事しており、そこで、カメルーンの経営コンサルタントの方たちに経営管理について研修を行いました。その中で、企業ビジョン・ミッションを構築するというコマがありました。簡単に言えば、企業ビジョンは、将来の企業のあるべき姿を具体化し、企業ミッションは、そもそもの企業の存在意義を確認するという作業です。そこで私は、「企業ビジョン・ミッション」を上記の「フューチャーパーフェクト（完全未来像）」を議論することで、作成しようと試みました。事前のコンサルタント向けのブリーフィングでは、社長さんによっては、こうしたワークショップ（特に①の OK メッセージ）で企業ビジョン・ミッションを構築することにかなり抵抗感があるのでは、という心配の声も少なからずありましたが、いざ蓋を開けてみると、どの企業でもワークショップは大いに盛り上がりました。

　国際協力の現場で用いられている既存の手法と比較すると、SF 手法には、以下のような特徴があります。

• 時間が比較的短時間で済む：例えば、関係者を招いたワークショップによりプロジェクトの計画立案を行おうとすると、１〜２日間か

かることがまれではないが、筆者が行ったワークショップは、上記
手順の④までで3時間程度で完結することができた。

- 実施手順が簡単である：既存の手法では、何ページにもわたる説明
  紙や資料が必要になることがあるが、SFでは実施手順を1枚の紙
  で説明することができ、ワークショップの参加者にもモデレーター
  （司会進行役）にもわかりやすい。

- ワークショップ序盤に実施するIce breakingがユニークである[23]：上
  述の「OKメッセージ」というセッションがそれであるが、このセッ
  ションの実施により、自尊心や他者へのリスペクト、参加者の間の
  一体感が芽生え、その後の議論が建設的な雰囲気で行われる。

- 問題の分析ではなく、主として課題の実現を議論する：一般的にプ
  ロジェクトの計画立案で行われるワークショップは、精緻な問題分
  析から入ることが多い。例えば、PCM手法における問題分析、QC
  （Quality Control）手法における「問題要因関係図」や「魚骨図」の作
  成、ビジネス・マネジメントにおける「ロジック・ツリー」の作成
  等が該当する。SF手法では、問題分析は省略して、あるべき姿の実
  現の議論に主軸を置く。そのメリットとしては、通常「問題点の裏
  返し」として出されがちな解決策が自由な発想から出される。問題
  点に焦点を当てないので、問題点に焦点を当てた場合に起こりうる
  「組織内における犯人捜し」のような議論に発展せず、建設的な議論
  ができる、といった点が挙げられる。

　上記の説明では、なかなか本手法の面白さ・よさを伝えきれませんの
で、ご興味のある方は、ぜひ、『解決志向の実践マネジメント』をご覧
ください。

---

[23] 実際には、このようなIce breaking（研修やワークショップの冒頭に参加者を打ち
解けさせる試み）は、SF手法のオリジナルではないようで、国内で行われてい
る「産業カウンセラー」の育成講座でもこれに極めて近いIce breakingが活用
されています。

なお、企業経営に関しては、ビジネスフレームワークといって他にも様々な分析手法、あるいは問題解決の手法がありますね。これに関しても類書が沢山出ているので、あえて私が細かく紹介する必要はないと思いますが、類書を見て感じることは、浅く広く書かれているものが多く、実際に個々の手法を活用して生じる問題点や弱みについては、やや解説が弱いと感じます。この点については、むしろ、個々の手法の問題点や弱みを知ったうえで、活用するのが大切と思います。そうした意味で、『ビジネスフレームワークの落とし穴』[24]という本を一読されることをお勧めします。本書では、有名なSWOT分析についても失敗例がたくさん紹介され、私もうなずくところ大です。SWOT分析は、国内で経営分析以外でも幅広く活用されていますが、不適切な活用例、成果の出ない活用例が、学術論文ですら散見されます。

　また、経営の分野では、よくプロジェクトの運営管理をいかに行うかが課題となりますが、これについては、プロジェクトマネジメントの世界標準ともいえるPMBOK[25]という手法体系があります。その日本版ともいえる「P2M手法」[26]があり、本[27]も出版されています。PMBOKやP2Mは、多くの科目から構成される、非常に包括的なプロジェクトマネジメント手法の体系　であり、以下のような科目で構成されています（以下は、P2Mの例[28]）。

---

[24]　山田英夫著、光文社新書、2019年

[25]　プロジェクトマネジメントに関する知識を体系的にまとめた参考書のようなもの。PMBOKはアメリカの「PMI」というプロジェクトマネジメントの普及拡大を目的とした非営利団体によって作られている。

[26]　Program & Project。各国に存在するプロジェクトマネジメント協会（PM協会）の役割や夫々が推進している事業とその特徴などを調査し、日本の強みを継承し活用すべきとして、経済産業省のイニシャティブの下、我が国発のマネジメント手法として開発された手法。

[27]　『改訂3版P2Mプログラム＆プロジェクトマネジメント標準ガイドブック』（特定非営利活動法人日本プロジェクトマネジメント協会編、2014年）

[28]　『改訂3版P2Mプログラム＆プロジェクトマネジメント標準ガイドブック』「第3部　プロジェクトマネジメント」より

- ・統合マネジメント
- ・ステークホルダーマネジメント
- ・スコープマネジメント
- ・資源マネジメント
- ・タイムマネジメント
- ・コストマネジメント
- ・リスクマネジメント
- ・品質マネジメント
- ・調達マネジメント
- ・コミュニケーションマネジメント

　紙面の都合で個々の科目の詳細はご紹介しませんが、みなさんの仕事に役立つ手法を1つだけご紹介します。

　上記の「タイムマネジメント」で使う手法に、「クリティカルパス法」があります。これは、簡単に言うと、プロジェクトの開始から終了までを多数のタスク（作業）から構成される複線のパス（経路）で結んだ際に、1つのパスの上で、タスク間の余裕がまったくない特定のパスをクリティカルパスと言います。プロジェクトの工期を最短化するには、いかにしてこのクリティカルパスにかかる日数を減らすかがポイントとなります。実は、この考え方は、プロジェクトのような大掛かりな仕事ではなく、日常の様々なシチュエーションで活用が可能です。すなわち、みなさんが複数のパスから構成される仕事を抱えている際に、予定より作業が遅れ所期の納期に成果品の納品が間に合わないおそれが生じた際には、ただただ目の前の作業に没頭するのではなく、いったん落ち着いて全体状況を眺め、仕事の完成にはいくつのパスがあり、どれがクリティカルパスなのかを考えます。そして、クリティカルパス上にない作業は後回しにし、クリティカルパス上の作業を最優先すると、仕事全体の完成時期がおのずと最短にできます。

５）「定型業務の質の向上」

この項目では、以下の２つの TIP があります。

⑳　同じミスをしない、失敗集の書き留め

㉑　全ての業務の定型化・マニュアル化

⑳　同じミスをしない、失敗集の書き留め

　　毎日のように行う、ある程度型が決まっているような業務、すなわち、定型業務の質の向上の TIP の第一歩は、同じミスをしないということですね。もちろん、定型業務とは言っても、一番はじめは経験がないのですから、だれでも失敗したり、成果が不十分であったりする、ということはあると思います。それでも、定型業務の場合、繰り返し繰り返し、同じような動作・手順を踏みますから、だれでも時間をかけると要領がよくなります。いわゆる習熟曲線（ラーニングカーブ）というものです。ただ、漫然と毎日定型業務をこなすよりも、より早く高みに達するためには、明確にミスを反省し、分析し、二度と同じミスを犯さない、という習慣づけをすることが効果的です。そのためには、失敗やミスをしたときにそれらをきちんと記録し、簡単にその理由と対応策を書いておくことを勧めます。これにより、ミスをしたことのレビューが頭に深く刻まれ、同じミスを繰り返しにくくなりますし、気をつけていたにもかかわらず二度同じミスをした際には、対応策自体も見直すことができます。

　　最近気になるのは、若い方たちがミスを指摘した際に、「すみません」と言わず、「ご指摘ありがとうございます」と全く悪びれないことですね（年寄りの説教が出ちゃった？）。私などは、若い時から、ミス、それも単純なミスをしたときは、穴があったら入りたい、という心境で、ひたすら首を垂れてきたものですが、最近は、謝るのが格好悪いと思うのか、そもそもミスを認めたくないのか、上記のような返しをよく目にします。百歩譲って、「すみません」

と言いたくなければ、それでもかまいませんが、少なくともミスに
対する畏怖の念のようなものを持たなければ、ミスは多分繰り返さ
れてしまうと思いますし、そもそもミスを正直に認められるような
性格の人が能力をグングン伸ばしているように感じます。

㉑　全ての業務の定型化・マニュアル化
　大きな組織であればあるほど、どのような仕事にもなにかしらマ
ニュアルがあるだろうと思います。ただ、小さな組織・若い組織の
場合は、そうではないケースがあると思います。そうした場合は、
日頃の業務を通じ、細かくやることを記録し、自分なりのマニュア
ルを作ることをお勧めします。マニュアルを作ることにより、頭の
中が整理され、業務の方法が効率的になりますし、改善点も浮かび
やすいので、おそらくは、漫然と仕事をしているときよりも高い習
熟曲線が描かれるはずです。また、マニュアルをこしらえると、社
内の他の社員の役にも立つので、ふつうは、組織内で評価されるは
ずです。これは、実際に私自身が体験してきたことです。
　また、厳密にはマニュアルではないのですが、私の場合は、同じ
ような試みが役に立ったケースがあります。それは、調査団で海外
に調査に行くとき、報告書の最終編集を任されたときでした。調査
団では、例えば、視察に行った際に、通常、複数の団員が個々の専
門に従い、異なる項目を分担して執筆するのがならわしです。政府
の調査団の場合は、そうした複数の団員から出てくる原稿をコンサ
ルタントが束ね、まとめるケースが多々あります。そうした際に、
漠然とした執筆方針しか示されないと、何が起こるかというと、書
きぶりや長さ、項目構成がてんでんばらばらな原稿が集まってくる
ことになります。普通、原稿がそろうのは、ある程度夜も更けた時
間帯ですから、それから各団員の原稿を見直し、編集するのは実に
大変です。
　それで、私は、そのような調査団での経験をした後、同じ轍は踏
むまいと、以下のような工夫をしました。それは、各団員に原稿の

執筆要領と例文・サンプルを配布することでした。それにより、団員間の書きぶりのばらつきは最小限になり、標準化されたので、編集者であった私の仕事も格段にスピードアップし、夜なべ仕事を回避することができました。原稿が書きやすいと団員の方々にも好評であったと思います。

5-2. 下支え要因

下支え要因は、6つの要素で構成されています。具体的には、リスクマネジメント、GRIT、発想法・アイデアの作り方、ストレス・マネジメント、モチベーション向上、レジリエンスです。

1)「リスクマネジメント」

この項目には、以下の3つの TIP があります。

㉒　水平のリスクヘッジ、垂直のリスクマネジメント
㉓　常に最悪を想定する
㉔　悪いニュースほど早く耳に入るように

㉒　水平のリスクヘッジ、垂直のリスクマネジメント
　　これは、なにかしら心配な事柄があった際に、「もしｘｘｘｘがｙｙｙだったら」という避けたいシチュエーションを想定し、まず、水平的に打つ手を複数考えてリスクを極力下げるようにし（リスクヘッジです）、つぎに恐れていた事態が発生したときに、まず、はじめに打つ手その1、それが機能しない場合に打つ手その2、さらにそれも機能しない場合に打つ手その3を事前に考える（リスクマネジメント）というものです。具体例で考えてみましょう。

　例えば、あなたが、所属企業の主催するあるセミナーの開催責任者だったとします。セミナーが滞りなく開催されるためには、いろいろなリスク要因があります。おそらく最も起こってほしくない事態は、お招

きしている講師の方が体調を崩されるなどして、当日、来られないことでしょう。

　ここでの水平のリスクヘッジですが、以下のような対応策が考えられます。

・事前に講師の体調などを確認し、当日の登壇に支障がないかを確認する（3日ほど前に1度、前日に1度ご連絡する）
・天気予報を確認し、台風などの接近・上陸の恐れ、大雪の可能性がないかを確認する（もしタイミング悪くセミナー当日に台風が開催地に来る場合には、講師の方に会場付近に前泊していただく、また、セミナーの開催の可否も事前に「ｘｘｘだったら、キャンセルする」などの方針を決めておいた方がよいでしょう）
・もし、当該講師のみが登壇するセミナーではない（聴衆のお目当てが1人だけではない場合）ときは、他の人を補欠として考えておく（社外の人にぎりぎりのタイミングでお願いするのは失礼に当たりますから、可能であれば、社内のリソースを充てるのがいいでしょう。また、そもそも講師が社内の人材であれば、事前にプレゼン内容を共有し、代替講師でも説明できるようにしておくこと）
・そもそもセミナーでの登壇者数に若干の余裕を持たせ、1人が欠けても最低限の内容は維持できるようにする
・理由の如何にかかわらず、セミナーをキャンセルする場合に、予定参加者へ一刻でも早く連絡するためにリストを用意しておく

　次に、恐れていた事態が発生した時の垂直のリスクマネジメントです。まず、シチュエーションを以下の2つぐらいに分けます。
　A．前日に講師から明日のセミナーに登壇できないとの連絡が入った
　B．当日の朝に講師からセミナーに登壇できないとの連絡が入った

Aの場合の垂直リスクマネジメント
　打つ手その1．代替の講師の手配を行う

打つ手その２．その１がダメな場合、セミナー開催の可否を関係者で即断し、キャンセルの場合は、セミナー参加者にその旨、お詫びの通知をメールで送る（上記のリスクヘッジの参加者連絡リストが役立ちます）

　打つ手その３．おそらく「その２」で一応、事態は収拾できますが、インターネット状況が悪く、セミナー参加者にキャンセルを速やかに連絡できない場合は、別の連絡手段を考える

Ｂの場合の垂直リスクマネジメント
　当日であるため、いきなり上記の打つ手その２を開始する

　以上、セミナー開催の場合で考えてみましたが、こうしたシミュレーションは、さまざまなシチュエーションに適用が可能であると思います。

　㉓　常に最悪を想定する
　　これもいきなり、具体例で説明しましょう。
　　仕事柄、海外でプロジェクトを実施していると、いろいろな局面に遭遇しますが、過去27年くらいを振り返り、一番ひやひやさせられたのは、海外からお偉いさんを日本に招いて研修を行う際に、相手国政府からの最終的なゴーサインがなかなか出ず、研修のドタキャンまであと１日と迫ったときです。お偉いさん20名ほどを日本に招く手はずを整え、航空券も手配してもらい、研修プログラムも１週間ほどのものを用意し、日本側も研修の受け入れ機関や日本側の要人の面会、車両やホテルの手配などすべてセットアップした段階で、相手国の政府のゴーサインがなかなか出ません。あるとき、あと３日以内に許可が出ないと研修は実施できないとわかり、それからは、眠れぬ日々を過ごしました。それで精神状態を平常に保つために、では、実際に研修がキャンセルになったら、なにが起こるかを考えました。突き詰めると、以下の２点に集約できまし

た。

・航空券が無駄になる：コストの発生
・日本側関係者への迷惑：これは相当数の組織・人を巻き込んでい
　ますから大変です。（研修参加者のほうは、彼らの国の政府の決
　断〈＝派遣をタイムリーに承認しないという判断〉だから、さほ
　ど深刻な影響はなく、キャンセルでも研修参加者に理解をいただ
　けると思いました。）

　特にお金では解決できない、２番目の日本側関係者に対して迷惑をか
けてしまうという事態ですが、考えるに、関係者に土下座行脚をすれ
ば、おそらくなんとかなる、と思いました。それで、そこまで考えた
ら、ようやく気持ちが落ち着きました。実際には、今日ゴーサインが出
なければ中止、という最終日にゴーサインが出て、事なきを得ました。
ただ、寿命は少し縮んだように思います（笑）。

　上記のように、ピンチになったときに、私はよく、最悪の場合、なに
が起こるんだ？　と考えます。私の仕事の場合、幸いに、人様の命を預
かったり、何百億円という大金を運用したりするわけではないので、大
体の場合、会社を首になるか、土下座する覚悟をすれば、対応できま
す。命をとられるわけではない場合、やり直しがききますから、少々の
事態では、パニックにならないようになりました。みなさんも、ピンチ
の場合は、最悪の事態を考えてみると、存外、落ち着いて対処できるよ
うに思います。

⑳　悪いニュースほど早く耳に入るように
　　これは、単独で仕事をしている場合ではなく、みなさんがチーム
　で仕事をしているときに、重要です。私が仕事でプロジェクトのマ
　ネジャーである場合、留意していることは、早めに問題点を察知し
　て、対策を打つということです。プロジェクトを実施しているとき

には、日常的に大小、さまざまな問題が発生します。そうした場合、人間の心理としては、上司や同僚に報告した際に叱責されたり、気まずい思いをしたりしたくないために、「まずいな。まず、自分でできるだけ解決してみよう。」と考えがちです。ただ、そうした姿勢は、結果的に、ボヤが火事に発展するように、時間の経過とともに事態を悪化させることが多いと思います。よって、みなさんがプロジェクトのマネジャーやリーダーである場合は、できるだけチーム内の風通しを良くし、特に悪いことやトラブルは早めにチーム内で情報共有できるようにされるとよいと思います。そのためには、日頃から、いろいろな事柄をチーム内で話しやすいコミュニケーションの環境を作っておくことが大事ですね。日頃から、「何かあったらいつでも相談してください。一緒に問題を解決しましょう」と呼び掛けておきましょう。また、問題を察知したら、いろいろなリソースを動員し、すぐに手を打つことが大事です。私は、プロジェクトのマネジャーとして、なにかしら相談を受けたら、可能な範囲でその日のうちに、手を打つように心がけてきました。結果的にこれまで、大火事は起こさずに済みました。

2）「GRIT」（やり抜く力）

㉕　GRIT とは

㉖　１つのことに習熟することの効果、カリスマは特別なことはしない

㉕　GRIT とは

　　みなさんは、GRIT という言葉を聞いたことはありますか？　私が最初に知ったのは、2017年頃、書店でたまたま、『GRIT（やり抜く力）』[29] というタイトルの付いた本を目にしたときでした。書店でぺらぺらと何ページかめくってみて、「これは面白そうだ」と思い、すぐ購入しました。結果的には、愛読書となり、３回は通し読み

---

[29] アンジェラ・ダックワース著、ダイヤモンド社、2016年

し、最初の１年くらいは、毎晩寝る前に自分の気に入った個所を読み返していました。まだ、この言葉やこの本を知らない人には、実際に読んでもらうのが一番早いのですが、要は、大きなことを達成しようと思ったら、才能があるに越したことはないが、もっと大事なのは、「やり抜くこと」だということです（他にも我々が生きていくうえで大切な事柄が本書にはぎっしり詰まっています）。これだけ聞くと、ふーん、で終わってしまうと思いますが、上記の本の著者であるアンジェラ・ダックワース先生は、これでもか、これでもか、とやり抜くことのすばらしさを彼女が行った研究の成果や収集したおびただしい事例やエピソードを紹介してくれます。この本を読む前から、自分なりに「やり抜く」ことの大切さはわかっていたつもりですが、圧倒的なエビデンスに、かなりの刺激を受けました。早速、細かなことから大きなことまで、粘り強くやり抜こうと決心し、いまだに続いていることがいくつかあります。

　ただ、思い起こせば、若いときに恩師にかけられた言葉（どんな世界でも10年間打ち込めば、１人前になれる）や10年ほど前に読んだ本の中にあった、プロ野球の故野村監督の言葉（打撃を改造しようとしたら、３年間は素振りをしないとものにならない）、最近では、これも私の愛読書である『Think clearly』に書かれた「長い時間をかけて一貫して何かに取り組んだほうが、大きな成功が得られる」[30]等々、同じことを示唆している例は枚挙にいとまがありません。言ってみれば、よりよい人生を送るうえでの黄金律の一つかもしれません。

　最後に、では、どうしたらやり続けられるのか、あるいは「やり抜く力」が身に付くのか。これは、ダックワース先生の本にも特効薬は書いてありません。明らかに言えるのは、いろいろな才能と「やり抜く力」との間になんら関係はないということです。でも、これは継続的にがん

---

[30] 出所：『Think clearly』（ロルフ・ドベリ著、サンマーク出版、2019年）、p.149

ばれば、普通の人でもなにごとかを達成できる、ということで大変うれしいメッセージではないでしょうか。その後、「やり抜く力」をどうしたら強められるか、という問題意識をもっていろいろな本にあたりましたが、最近、1つ面白い本に出会いました。それは、『なぜ「やる気」は長続きしないのか』[31]という本で、私なりに要のポイントを抽出すると、がんばり続けると将来の自分に必ずや良いことが起きる、よって、がんばり続けられる人は、将来の自分を大切にする思い、自分への思いやりが強い人なのだということのようです。私は、このことにヒントを得て、なにかしら継続的な努力を必要とすること（でも少々面倒くさいこと）をする際には、10年後の自分のために、というキャッチフレーズを自分自身に投げかけています。たとえば、健康増進のための運動ですとか、ダイエットの継続の際には、10年後に相変わらず元気に仕事に邁進している自分の姿を強く想念するのですね。こうしたいわば将来ビジョンの意識は、いやいや運動するよりも多少なりとも継続に効果があるような気がします。

㉖　1つのことに習熟することの効果、カリスマは特別なことはしない
　　GRIT にも通ずることで、いろいろ本を読んできた中で学んだことがあります。それは、成功者は、特別なことはしていない、ということですね。最初に学んだのは、経営の神様と呼ばれている松下幸之助さん（旧松下電器、NATIONAL の創業者）の本を読んだときでした。松下さんは、早い段階から名声を博し、いろいろなところから講演依頼が来るようになりました。それで、全国各地で特に企業経営者の方々にお話をされるのですが、さぞ聴衆は、感動しているのかと思えば、そうでもなかったようです。松下さんによると、典型的な聴衆の反応は、「……そんな当たり前のことはわかっている、大松下の成功の陰にはもっとすばらしいテクニックや知恵があるはずや」だそうです。そこで私がピンと来たのは、その頃読

---

[31] ディヴィッド・デステノ著、白揚社、2020年

んでいた別の本の内容です。その本は、題名も忘れてしまったのですが、世の中のいろいろな業界で「カリスマ店員」と呼ばれる人たちにインタビューを行い、なぜカリスマになれたのかを探ろうとしたルポルタージュ的なものでした。それで、各界のカリスマ店員、たとえば、ｘｘｘの商品をだんトツに売れるセールスパーソンのような人に話を聞いて回ったのですが、面白いことに、その調査を行った人によると、カリスマ店員たちは、なんら特別なことはしていない、特別なスキルを駆使しているわけでもない、という拍子抜けするようなルポでした。すなわち、カリスマ店員といえども、実際には、平凡で地道な努力を積み重ねることで、いつのまにか、一般の社員・店員とは違うレベルに技量が達してしまっている、ということのようです。おそらく、松下さんのケースも存外それに似ているのではないでしょうか。そういえば、現代の経営の神様ともいえる稲盛和夫さん[32]のベストセラー『生き方』にも以下のような一節があります。

　「安易に近道を選ばず、一歩一歩、一日一日を懸命、真剣、地道に積み重ねていく。夢を現実に変え、思いを成就させるのは、そういう平凡なる凡人なのです。」[33]

　松下さんのお話に通ずるところがありませんか。極めつけは、既にご紹介した『GRIT（やり抜く力）』[34]の中の次の一節です。少し長くなりますが、そのまま引用します。

　「偉業を達成する人々は、一つのことをひたすら考え続け、あり

---

[32]　本書を執筆中の2022年8月にご逝去されました。謹んでご冥福をお祈り申し上げます。

[33]　出所：『生き方』（サンマーク出版、2004年）、p.67

[34]　出所：『GRIT（やり抜く力）』（ダイヤモンド社、2016年）、p.66

とあらゆるものを活用し、自分の内面に観察の目を向けるだけで
なく、ほかの人々の精神生活も熱心に観察し、いたるところに見
習うべき人物を見つけては奮起し、あくなき探求心をもってあり
とあらゆる手段を利用する」

　どうでしょうか。私が言葉を付け加えるまでもなく、ここに「カリス
マは特別なことはしない」が「カリスマになっている」ことの理由が明
確に説明されていると思います。

3）「発想法・アイデアの作り方」
　ここでは、以下の５つの TIP を紹介します。

㉗　無意識の活用
㉘　案件間のノウハウ交流
㉙　常に考える
㉚　読書メモ
㉛　オズボーンのチェックリスト

㉗　無意識の活用
　　毎日の生活の中で、仕事をしていない、ひょんなときにいいアイ
　デアが浮かぶことがあります。運動しているとき、通勤の電車の
　中、寝る前……特に規則性はありません。どうしてそういうことが
　起こるのか、考えてみましたが、おそらくは、人間、無意識のうち
　に、自分が今気にしていること、関心を持っていることに脳が思い
　を巡らせ、「こういうことがあるぞ」と気づきを送ってくれるので
　はないでしょうか。
　　こんなこともありました。私がローマで、国連機関 WFP（世界
　食糧計画）に勤めていた時のことです。そのとき、私は財務部に所
　属し、ある年の同機関の財務諸表の作成に従事していました。ある
　とき、同僚との雑談の中で、「今はすぐ解決策が見つからないかも

しれない。でも、いろいろな問題にぶつかったとき、ある朝目覚めたら、問題を解決に導くようなアイデアが浮かぶことがあるよね。多分、意識していなくても脳は考えているんじゃないかと思うわ。」という話を聞きました。私も同様な経験があったので、意気投合したものでした。

㉘　案件間のノウハウ交流

　　以前、同時に複数の案件に従事していた際に、ある案件で使った方法が別の案件にも使えることがあることに気づきました。それ以来、私が意図的に心掛けているのは、以前従事していた案件で使った方法が今のこの案件に使えないか、また、今、同時に従事しているＡ、Ｂ、Ｃの案件の間でノウハウを相互に活用できないか、ということです。

　　前者の例で言いますと、例えば、既にご紹介した、ロジカルツリーや相関分析・回帰分析には味をしめ、実に広範囲に仕事で活用しています。

　　後者の例では、私自身というよりも、もう少しスケールの大きな話があります。既にご紹介したQCの７つ道具に魚骨図というものがあります。特性要因図とも呼ばれ、複数の原因と１つの結果を図にまとめたもの。以下の図[35]のように魚の骨のような見た目にな

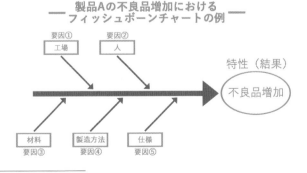

製品Aの不良品増加における
フィッシュボーンチャートの例

要因①　工場　　要因②　人

特性（結果）
不良品増加

材料　要因③　　製造方法　要因④　　仕様　要因⑤

---

[35] 出所：https://studyhacker.net/fishbone-diagram

り、海外でも Fish bone chart として有名です。

　日本の国際協力の世界では、PCM 手法というものが用いられていますが、同手法の中で、問題分析を行うのに、形態は違いますが、原因と結果のロジックを使ったツリー（問題系図と呼んでいます）を作成します。この PCM 手法は、ドイツの国際援助機関から輸入されたものですが、私が若いころに同手法の手ほどきを受けたドイツ人講師の方によると、このツリーによる分析は、実は、日本から輸入された魚骨図の考え方を活用したものだ、というのですね。とすると、単純化すると、魚骨図が日本からドイツに渡り、その後、PCM 手法の一部である問題系図として、また、日本に帰ってきた、ということになります。こうした国際交流は素晴らしいですね。ここにさらに微細な私のエピソードを加えますと、こうした分析方法を私は、十数年前に地方自治体の事務事業評価[36]に関する助言を求められた際、自治体の事業を全体として分析するのに使わせていただきました。その際は、必ずしも全体が体系化されていなかった地方自治体の事務事業を、系図を使って整理し、個々の事業を積み重ねることで自治体はなにを実現しようとしているのかを分析し（ボトムアップ的アプローチ）、最終目的地を確認した後、逆に上からトップダウンで、個々の事業が、有機的に、MECE で組み立てられているかどうかを検証しました。

㉙　常に考える

　なにか大きな問題に直面したときは、１日中、その問題を頭の片隅に置いておくということがいいアイデアや解決策の導出に役立つのは間違いないところです。これについては、過去に読んだビジネ

---

[36] 地方自治体で、予算の活用や職員の事務の効率化を図るため、事業（仕事）の目的や手段をはっきりさせ、事業目的が達成されているか、費用は適切か、他のやり方はないかなどを点検・評価することにより、より効果的・効率的な市政運営を目指すこと。

ス本でも、複数の著者が、常に問題意識を持つことの重要性を提起していましたし、たびたびの引用で恐縮ですが、稲盛さんも、『生き方』[37]の中で、以下のように語っておられますね。

> 「同じものを見聞きしても、ある人はそこから重要なヒントを得るが、ある人はぼんやり見過ごしてしまう。その違いは何にあるのかといえば、日頃の「問題意識」です。よく言われるように、リンゴが木から落ちるのを見た人はたくさんいますが、そこから万有引力の存在を見出したのは、ニュートンだけなのです。」

最近では、2021年末にテレビで放映していた特別番組の中でアメリカのメジャーリーグで活躍する大谷選手の行動に考えさせられる一面がありました。大谷選手は、ピッチャーとバッターとの二刀流を見事に成就させ、MVP（2021年）を獲得したのは記憶に新しいところです。大谷選手は、そのプレーヤーとしての実績はもちろん、球場での立ち居振る舞いに関しても、人として尊敬に値するとの称賛が国内外から寄せられましたね。私も同感ですが、もうひとつ感心させられたのは、大谷選手の常に「考え続ける」姿勢です。上記の番組では、ダグアウトの中で、しょっちゅうタブレットをのぞき込み、過去の打席を振り返り、考える姿がたびたび映し出されました。他にも番組中の大谷選手の発言から、「この人は、常に自分の打撃やピッチングの向上に向け、改善点を探している」ことが推察できました。もちろん、彼なりのリラックスタイムはあるのでしょうが、ぼーっと生きていないですね。チコちゃんにも叱られることはなさそうです。

　ちなみに、私は、目覚めてから実際に起きるまでの時間や、寝る前の10分くらいの間に、漠然と仕事のことを考えます。そこで、

---

[37] 『生き方』（サンマーク出版、2004年）、p.78

いろいろと思いつくことも多いので、枕元やリビングルームのテーブルの上に、いつもメモ帳を用意し、なにか思いつくとすぐに書き込むようにもしています。あと室内でエクササイズをしているときにも、とっておきの課題を考えるようにしています。面白いもので、少しでも複雑な動作だと、同時に考えごとをしていると、手順を飛ばしたり、間違えたりするのですが、決まりきった繰り返しの動作の場合は、そうした問題もなく、結構いいアイデアが浮かんだりします。ただし、あぶないので、外出して歩いているときなどの考えごとはお勧めしませんが。

㉚　読書メモ

　　以前、私はビジネス書を乱読しながら、「これは面白い」という記述を見つけると、メモを取ることにしていました。今からおよそ10年くらい前に始め、数年間、続けていました。著書名、著者名、発行所等と一緒に気になった、感銘を受けた箇所を書き留めます。そして、折に触れ、見直していました。具体的に、どの本のどの箇所が自分の仕事のどこに役立ったかまでは逐一確認していませんが、メモを取ることで、自分の学びが頭の中により定着し、仕事や生活のいろいろな局面でかなり役に立ったのではないか、と感じています。

　　私が読書に関連して、もう1つ行っていることは、本を読んで深く感動したときには、著者にファンレターを送ることです。これまでで5回くらいそうしたことがあったと思いますが、通常、著者の方は、返事をくれます。それで、質問が解消したり、さらに励ましを受けたり、場合によっては、親交が始まったりします。

　他にも行ってきたのは、読書やテレビ視聴などを通じて、人様の生きざまに感動したときに日記に付けていた所感です。こちらも折に触れ見直して、ときとして気の滅入った自分に喝を入れたり、成功した際に調子に乗りすぎないよう自分を戒めたりする効果がありました。

　余談になりますが、この所感の振り返りを通じ、ずっと感じていることは、

・世の中には素晴らしい人間がたくさんいる
・それは、決して政府に表彰されたり、金メダルをとったり、ビジネスに成功して億万長者になったような人だけではなく、自分の身の回りの市井の人々だ
・素晴らしい人たちには２種類いる
　―１つ目は、あることと出会い、雷に打たれたようなショックを受け、それにのめりこみ、途方もない努力をつぎ込み、趣味で始めたことがついには、ライフワークになったような人々
　―もう一つは、売名行為でもなんでもなく、人様の役に立つことを仕事以外で（＝無収入で）黙々とやっている人々

　私は、上記のいずれにも属しませんが、こうした人たちがいることを知るだけで、人間の可能性やすばらしさを実感できますし、また常に自分も地道に一歩一歩できることをして生きていこう、と思わされます。

㉛　オズボーンのチェックリスト[38]
　「発想／アイデアの作り方」に属する最後のTIPは、オズボーンのチェックリストです。アレックス・F・オズボーンというアメリカの大手広告代理店の副社長を務めていた人物の著書から抽出された、と言われている以下の９項目からなるチェックリストです。

---

[38] 出所：以下は、主に「コトバンク」（https://kotobank.jp/word/ オズボーンのチェックリスト -1125434）、「カオナビ・人事用語集」（https://www.kaonavi.jp/dictionary/osborne_no_checklist/）を参考にまとめた。

1．他に使い道はないか（Put to other uses- 転用）
2．他からアイデアが借りられないか（Adapt- 応用）
3．変えてみたらどうか（Modify- 変更）
4．大きくしてみたらどうか（Magnifty- 拡大）
5．小さくしてみたらどうか（Minify- 縮小）
6．他のものでは代用できないか（Substitute- 代用）
7．入れ替えてみたらどうか（Rearrange- 置換）
8．逆にしてみたらどうか（Reverse- 逆転）
9．組み合わせてみたらどうか（Combine- 結合）

　私自身は、このチェックリストからアイデアを得るということをさほど意識してやってきたわけではないのですが、あまりに有名な発想法ですので、紹介しておきました。

　改めてリストを見直すと、実は、結構、日頃の仕事でもこうした試みをしていたことに気づきました。オズボーンのチェックリストは、よくマーケティングの製品開発の例で説明されるのですが、それでは陳腐で、私でなくてもできることなので、多少「後付け」にはなりますが、私の個人的、もしくは身の回りの経験をもとに1項目ずつ具体例を挙げてみましょう。

1．他に使い道はないか：ある本を書く時のために用意していたが使わなかった材料を別の本に活用する
2．他からアイデアが借りられないか：地方自治体の事務事業評価に日本の ODA 事業で使われていた PCM 手法[39]の考えを応用する（TIP ㉘で紹介しました）

---

[39] PCM（Project Cycle Management）手法とは、プロジェクトの計画・実施・評価という一連のサイクルを「PDM（プロジェクト・デザイン・マトリックス）」と呼ばれるプロジェクト概要表を用いて管理運営する方法。

3．変えてみたらどうか：研修コースの名称を一般的で個性的でない
　もの（ビジネスプラン研修）からより個性的なもの（「ビジョン
　志向型」ビジネスプラン研修）に変える

4．大きくしてみたらどうか：プロジェクト単位で作っていたログフ
　レーム（プロジェクトの運営管理のための要約表）の範囲をより
　大きなプログラム単位に広げてみる

5．小さくしてみたらどうか：長期研修のプログラムを分割・簡素化
　して、短期間研修のコースを作る

6．他のものでは代用できないか：研修の場でポストイットがなかっ
　たときに、一般的なセロテープを丸くつなぎ合わせ、短冊状に
　カットした色紙の裏側に付けて、ポストイット代わりにする

7．入れ替えてみたらどうか：研修生の理解度を確認するため、研修
　生を講師に立ててしゃべらせてみる（講師の思惑どおりにしゃ
　べってくれたら、講義が理解されていたことになります）

8．逆にしてみたらどうか：調査をひととおり終えてから、報告書の
　結論を導き出すのではなく、報告書の最終形・結論（暫定的なも
　の）を決め、それに合うように、材料を集めていく（高名な4コ
　マ漫画家の例ですが、先に落ち＝4コマ目を考えるという話を聞
　いたことがあります）

9．組み合わせてみたらどうか：これは、個人レベルのことではな
　く、実際に今私が従事している日本政府のODA事業（技術協力
　プロジェクト）で行っていることですが、途上国の中小企業振興
　のための研修プログラムとして、主に企業の生産分野に活用する
　カイゼン手法と企業経営全般に適用できる経営管理手法の両方を
　組み合わせて実施する

4)「ストレス・マネジメント」

ここでは、以下の3つのTIPを紹介します。

㉜　眠れないときの対処法

㉝　欽ちゃん哲学
㉞　ON/OFF を明確に

㉜　眠れないときの対処法
　「眠れない」と一言でいっても、いろいろなシチュエーションが
あると思います。ここでは、体調不良で眠れない、コーヒーの飲み
すぎで眠れない、明日待ちに待ったことがあり、ワクワクして眠れ
ないといったことではなく、仕事上の不安があり、眠れないケース
を考えます。
　例えば、以下のようなケースでしょうか。

　1）仕事で問題が生じたが、いい解決策が浮かばない
　2）ある仕事の納期に製品を届けられそうにない
　3）上司や顧客にひどく怒られたり、クレームを言われ、ショック
　　　である
　4）仕事上で明らかなミスをしたが、まだ、上司に報告できていな
　　　い

　仕事上の不安で眠れないケースはまず、現実を直視して、なんで眠れ
ないのか、不安の正体がなんなのかを考え、そのうえで今できることを
します。通常、ベッドの中でできることは、問題の整理と対応策の列記
までです。上の例で具体的に考えてみましょう。

　1）これは、ただベッドの上で、悶々としていても、妙案は簡単には
　　　出てこないでしょう。とすれば、解決策を出すためにどのようなア
　　　プローチがあるかを考えます。
　　　―信頼できる人に聞く
　　　―オズボーンのチェックリストなどを使い、異なる観点から考えて
　　　　みる
　　　―過去に同じようなケースを克服した事例が社内外にないかを調べ

る

　それで、これ以上アイデアが浮かばなければ、「今日のところの
自分はベストを尽くした」「これ以上起きていても明朝だるいだけ
だよ。明日は、上の３つの方法を片っ端から試すぞ」「最後はきっ
とどうにかなるさ」と自分自身に言い聞かせる。

２）　今の状態から製品の完成までの工程を明確にし、自然体でいく
　と、個々の段階に何日かかるかをできるだけ正確に見積もる。工程
　の中でクリティカル・パスを見つけ、クリティカル・パスを短縮で
　きる方法を、いったん、予算や資源を度外視して、リストアップす
　る。リストアップしたら、その代替案のメリット・デメリットを表
　にし、最後に、自分の選択結果とその根拠を明確にする。そのうえ
　で、そこまでの作業結果を早めに上司にもっていき、指示をあお
　ぐ。……という段取りまでをベッドの中で考え、あとは、１）と同
　じです。「今日のところの自分はベストを尽くした」「これ以上起き
　ていても明朝だるいだけだよ。明日は、上の段取りを片っ端から試
　すぞ」「最後はきっとどうにかなるさ」と自分自身に言い聞かせる。

３）　まず、ショックはわかりますが、ミスは誰でもするものですし、
　落ち込んでばかりいても何も変わりませんね。上司に対しては、真
　摯に反省を示し、（言われなくても）今後の改善策を紙にまとめて
　提出する。顧客であれば、これは、チャンスでもあるので、誠意を
　もって対応し、「おお、ここまでやってくれたか」と思えるような
　対応策をできるだけ、お金や時間をかけすぎずに行う。成功すれ
　ば、逆に次の仕事をもらえるチャンスがあります。……という段
　取りまでをベッドの中で考え、あとは、１）と同じです。「今日の
　ところの自分はベストを尽くした」「これ以上起きていても明朝だ
　るいだけだよ。明日は、上の段取りを片っ端から試すぞ」「最後は
　きっとどうにかなるさ」と自分自身に言い聞かせる。

４）これはもう一刻も早く報告するだけです。報告するとともに、３）と同様、上司に対しては、真摯に反省を示し、（言われなくても）今後の改善策を紙にまとめて提出する。……という段取りまでをベッドの中で考え、最後に、明日は嵐の１日かもしれないが、３日も過ぎれば、平穏は必ず戻る、しばしの辛抱、よき人生修行だと思い、水に飛び込むんだ、と。あとは、１）と同じです。「今日のところの自分はベストを尽くした」「これ以上起きていても明朝だるいだけだよ。明日は、上の段取りを片っ端から試すぞ」「最後はきっとどうにかなるさ」と自分自身に言い聞かせる。

　とにかく、不安はなかなか消し去れませんが、ずっと起きていてもなーんの効果もありません。最後の締め方は全部同じと思われたと思いますが、それでいいんです。

　あと悔しくて眠れない、というケースもありますが、これは、ふつうエネルギッシュな頑張り屋さんが経験することです。翌日は、リベンジに向けて眠気もふっとんでいるでしょうから、これは、最初から問題ないと思います。

㉝　欽ちゃん哲学
　これはもう、ストレスマネジメントに打ってつけの方法です。今この一瞬が苦しくて苦しくてたまらない、という人には私の尊敬する伝説的なコメディアン、萩本欽一さん（愛称「欽ちゃん」）の人生哲学をお教えします。萩本さんは、関連の著書を数冊出しておられ、かなりの発行部数のようですから、ご存知の方もあるかもしれません。私なりの解釈でその人生哲学をまとめると、以下の通りです。ひとことでいうと、「不運なことや苦しいことが続いたときには、運の貯金をしていると考える」ということです。この哲学には、10年ほど前に接したのですが、それまでビジネス書・自己啓発書を何百冊も読んできた自分にとっても本当にそれこそ目からう

ろこが落ちた、というような新鮮な考え方でした。もう少し説明すると、人間、一生を通してみると、運と不運は半分ずつ、幸運だけが続くことは絶対ないし、不運だけが続くこともない、だから、不運が続くということは、この先、幸運が来る可能性がどんどん高まっている、という考え方です。もちろん、例外もありましょうし、「ｘｘｘのケースはどうなるのか」といった疑問もいろいろとありましょう。ただ、私は、自分の人生を通して、この考え方に納得できますし、なによりも、この考え方が好きなのは、苦しいときに希望を持つことができる、ということですね。私はこの考え方に出会うまでは、不運なとき、苦しいときは、ひたすら耐えたり、他のことで自分の感情を紛らわしたりするしか、対処法はないものと思っていました。稲盛和夫さんのベストセラー『生き方』を読んだ時すら、そうか、では、苦しいときは、「人生修行」と考えて耐えるんだなと思ってきました。しかし、この考え方（勝手に「欽ちゃん哲学」と呼ばせていただきます）の素晴らしいところは、不運や苦境が続き、ふつうならば気持ちが折れそうになるときにこそ、「おう、どんどん運の貯金がたまっている」とポジティブに考えることができることです。もうコペルニクス的転回[40]でしたね、私にとっては。そういえば、以前読んだ、日本電産の永守社長の著書にも上記と全く同じような考えが示されていて、驚いたことがあります。

　ただし、これだけではありません。萩本さんが言っておられる、もうひとつ、大事なことは、不運続きの時にくさったり、人にあたったりしない、自暴自棄になったりしないということです。彼

---

[40] 「従来の考え方とは根本的に異なる画期的な考え方」を意味する。ドイツの哲学者カントが自分の認識論上の立場を特徴づけた言葉。主観は対象に従いそれを映すとする従来の考え方を逆転させ、対象が主観に従い、主観の先天的な形式によって構成されると主張して、これを天動説に対して、地動説を主張したコペルニクスの立場になぞらえたことに由来する。以上、出所：『精選版 日本国語大辞典』

は、こうした行動をとると、せっかくたまりそうな運が逃げてしまう、という表現を使われています。確かに、我々の周りをみても不遇な時期を乗り越えて大輪の花を咲かせている人というのは、苦境にあってもめげずに諦めず、努力を怠らなかった人が少なくないように思います。

㉞　ON/OFF を明確に

　「ON/OFF を明確に」というのは、切り替えにより、仕事のストレスから解放されようという意味でしょうか、よく聞く言葉ですね。それはその通りですが、私は、それは、仕事というものに対する個々人の向き合い方・姿勢にも大きくよると思うのですね。極論としては、好きで仕事をやっている人は、1日起きている時間は、ほぼほぼ仕事でもいいと思うのです。たとえば、わかりやすい例だと、プロスポーツ選手や芸術家。彼らはみな、そのスポーツや芸術が好きで、しかも生活の糧になりますから、1日の大半を喜んで仕事に捧げていると思います。ただし、いずれの場合も、才能だけで決まる世界ではなく、必ず練習や鍛錬が必要なので、そこにどれだけ時間を割くか、努力するかで、力量やパフォーマンスに差が現れてくるとは思います。

　しかしながら、この本を読んでいる方々は、多分、ビジネスパーソンが多いと思います。ビジネスパーソンの場合は、仕事が趣味のように好き、という人はあまりおられないでしょう。まず、仕事が趣味のように好きであれば、ON だの OFF だのと気にせずに、上記のプロスポーツ選手や芸術家のように気のすむまで、毎日仕事に没頭すればよいと思います。もちろん、家族持ちの人は、家族に嫌われない程度にですが（笑）。日本電産の永守社長は、私が尊敬する経営者ですが、ご自身が書かれている本に垣間見られる時間の活用方法を見ると、そうしたタイプだと断言できます。ただ、仕事がそこまで好きではない（ビジネスパーソンの majority と思います）場合は、仕事は、生きがいである半面、必ずしも好ましくないスト

レス源にもなりますから、一定の息抜きや気分転換は必須であると思います。

１日24時間の使い方を以下のように考えてみてはどうでしょう？

A：一定の睡眠時間は必ず確保する
B：起きている残りの時間から最低限必要な時間（食事時間や家庭内の用事＝家事、育児、家庭サービス等々）を差し引く
C：残りの時間を仕事時間と趣味・娯楽などの時間に最適配分する（配分割合は、個々人による）

　このＣの中の時間配分において、まず、仕事が好きな人の場合は、上にも書いたように、この区分けはあってなきがごとしで問題視しなくてもいいと思います。仕事時間が圧倒的に長くたってかまわないでしょう。ただ、仕事がそこまで好きではない場合、仕事にかけなければいけない時間が必要以上に長い場合は、減らす必要があり、それが本書のテーマでもあります。

５）「モチベーションの維持・向上」
㉟　ワクワクカレンダー
㊱　まず、1回やる、次に生活にリズムを作ること

㉟　ワクワクカレンダー
　ワクワクカレンダーとは、私の造語ですが、仕事でもいい、プライベートでもいいので、なにかワクワクするような出来事を企て、カレンダーに書いて、励みにするということです。例えば、仕事の場合は、「課長昇進」でもいいですし、「ｘｘｘ賞の受賞」、「ボーナス支給」とかですね。もっとも、「課長昇進」や「ｘｘｘ賞の受賞」は、その日が来ると自動的に実現される事柄ではないですから、自分の努力が必要ですね。ただ、いったんこうしたワクワクごとを意

識すると、日々、気持ちがしゃんとします。仮に実現したら、自分の自信にもつながりますし、おそらく給与の増加のような実利面の便益もありますね。問題なのは、実現できなかった場合ですが、実は私は、当初狙っていたことが起こらなくても、それに向かって努力すること自体が尊いと思うのですね。ですから、ワクワクごとが実現できなくても、胸に手を当てて、「でも自分はがんばったぞ」と素直に思えるのならば、なにか小さくても自分にご褒美をあげてもいいと思います。気持ちを切り替えてまた、半年後・1年後のワクワク目標を立てて、がんばりましょう。

　もちろん、ワクワクごとは、プライベートでもいいと思います。親しい友人や家族とのイベントや旅行とか、日頃やりたくてしょうがなかったが時間のとれなかった趣味などですね。こちらのワクワクごとは、仕事関係と異なり、実現性が高いと思うので、空振りのがっかり感は避けられると思います。

㊱　まず、1回やる、次に生活にリズムを作ること
　特に最近のコロナ下のリモートワークのような状態だと、なかなかエンジンがかからない、という方も多いかもしれません。コロナ前であれば、朝、家を出さえすれば（＝遅刻癖さえなければ）、気持ちもしゃきっとして、1日それなりに過ごせましたよね。ですから、今のような勤務形態であればあるほど、自分をいかにその気にさせるかが、重要になりますね。そういう意味で、私が実践するのは、少しだけやってみる、ということです。大きな仕事の塊を目の前にすると、あーー、こんなにやることがあるのか、と嫌になるときもありますが、そんなときは、少し自分をだまして、「無理しなくてもいいぞ。まず、5分だけやってみよう」と軽い気持ちで、PCを開きます。おそらく根っからの怠け者でない限りは、その5分でちょうどエンジンがかかり、途中で休もうとはもう思わなくなると思います（体調不良などでなければ）。それで、結局、まとまった時間を机の前で過ごすことができます。

　あとは、モチベーションの保ち方としては、読者には当たり前のことでしょうが、生活にリズムを作ることです。高名な哲学者カント[41]の逸話で、毎日決まった時間に散歩をするので、周囲の人は彼の散歩が時計代わりになったという話がありました。本書でご紹介した「やり抜く力」の中でも、規則正しい生活を行い、大きな業績を残した方たちのエピソードがたくさん紹介されています。面白いことにそういう人たちは、なにかスイッチをいれる行為を習慣化しているようです。例えば、朝食後にコーヒーを一杯飲んだら、仕事始めのような感じですね。まとめますと、まず、日々の起床時間から就寝時間までを時計のようにとはいいませんが、規則正しく過ごすことが生活のリズムを作る。仕事に入るスイッチを習慣化する。どうしても気分が乗らないときは、自分をだましてみる、でした。あと、規則正しく過ごすことは、仕事の面だけでなく、健康面でも非常に重要ですね。

6)「レジリエンス」

ここでは、以下の2つのTIPを紹介します。

㊲　レジリエンス

㊳　厳しい経験は自信を持ったり、次のクライシスを乗り越えたりするのに役立つ！

㊲　レジリエンス

　下支え要因の最後のTIPは、レジリエンス（復元力・回復力）です。これは、非常に重要な要素です。我々、どんなに優秀な人でも失敗からは逃れられません。仮に失敗したことがないという人がいるとしたら、それはいつも安全策ばかり講じて、大きなチャレンジをしていないことの証左だと思います。それでは、人生、面白くあ

---

[41] イマヌエル・カント（1724—1804）ドイツの哲学者、『純粋理性批判』、『実践理性批判』、『判断力批判』の著作がある。

りませんから、みなさんはなんらか、挑戦をしているということを前提とします。それで失敗してしまったら、ですが、最初は、いくらでも落ち込んでもいいと思いますね。「人間だもの」[42]です。ただ、大事なのは、そこから起き上がる反発力・回復力ですね。ときどき、有名人の苦労話をまとめたような本を目にしますが、書かれている内容がフィクションではないとすると、驚くほどみなさん、失敗を繰り返し、それでも立ち上がっていますね。大昔の例ですと、あのビートルズ、デビュー前にいろいろな会社に売り込みにいったが、10社ほどに相手にされなかったそうです。日本の芸能界でも、『ロマンスの神様』などのヒット曲で知られるシンガーソングライターの広瀬香美さんは、デビュー前に30社にデモテープを送り、今やテレビで顔を見ない日はない売れっ子女優の本田翼さんは、100回程度オーデションに落ちたとか。

　こうしてみると、大きなことを成し遂げられるかどうかは、レジリエンスの強さで決まると言っても過言ではないかもしれません。では、どうしたら、レジリエンスのパワーを身につけることができるかですが、それは、私にも妙案はありません。おそらく、挫折した時の「なにくそ！」というような馬力は、先天的な負けず嫌いのような強さだと思います。

　ただ、レジリエンスとは違うかもしれませんが、苦難に直面した際に、精神力で跳ね返したり、気持ちを奮い立たせたりする以外にもそれを克服する別の方法があるようです。

　榎本真美さんという方が書かれた『督促OL修行日記』という本があります。これは、新卒で信販会社のコールセンターに配属された著者が、多重債務者や支払困難顧客から怒鳴られながらお金を回収する苦労と、気弱な人でも言い負かされず債権を回収するテク

---

[42] 詩人、相田みつをの名言。彼のデビュー作となった詩集のタイトルでもあるが、「完璧な人間なんていない、人間はみな不完全です。だからこそ、つまづいたって、失敗したっていい」というメッセージである。

ニックを披露した大変面白い本です。この中で、榎本さんの同僚であり、クレーム対応のエース級である同僚の方（Mさん）の話が出てきます。Mさんは毎日大変だろうな、と榎本さんが常々思っていたら、Mさんに「ストレスは感じない」と言われたそうです。具体的には、「実はボク、お客様に言われた悪口をコレクションしているんです。いつか自分だけの『悪口辞典』が作れるといいな〜と思って」[43]と言われてびっくりしたそうです。厳密には、レジリエンスとは呼べないかもしれませんが、苦境をかわす力とでも、いいますか、こうした対処方法もあるのですね。昨今、よく「鋼のメンタル」という形容で精神力の強い人が称えられますが、こうした肩の力を抜いたひょうひょうとした生き方も魅力的ですね。

㊳　厳しい経験は自信を持ったり、次のクライシスを乗り越えたりするのに役立つ！

　もうひとつ、若いみなさんに知っていてほしいことは、人間は厳しい経験を経て成長するということです。まず、厳しい経験は、大きく2つの原因で起こると思います。一つは、外部要因で、予期せぬ事態が発生して、ピンチが訪れるというパターン。時間に余裕がないのに、電車など交通機関の運行に支障が出る、明日は、たくさんのお客様を招いての大イベントの日なのに、台風の上陸とぶつかりそうだ、というようなケースですね。もうひとつは、どちらかといえば、自分自身に原因がある場合、コンサルタントであれば、顧客の期待に沿えるような提案が出せず、叱責される、とか、理由はともあれ、大きなミスや失敗を犯し、会社や顧客に迷惑をかけてしまうとか、自分がこなせる能力以上の業務を受けてしまい、残業に次ぐ残業をしても追いつかず、途方にくれる、といったケースですね。いずれの場合も、そうしたピンチの最中は、もう生きた心地がせず、事態の収拾におおわらわで、事態が落ち着いたら落ち着いた

43　『督促OL修行日記』（文藝春秋、2015年）p.160より引用

で、また関係者にお詫び行脚をしなければならない、とまさしく踏んだり蹴ったりの状態です。しかし、死ぬような思いをすることがあっても、夢中で対処するうちに、なんとか事態は乗り切ってしまえるものですね。もちろん、自力だけでなく、同僚や上司、あるいは家族や友人に支えられて、ということもあってですが。こうして苦難を乗り越えた経験は貴重な財産になります。そして、新たな苦難に直面しても、「あのときを思えば、これぐらい、なんだ」と思えます。だから、厳しい経験を積めば積むほど、乗り越えれば乗り越えるほど、回復力や対応力は鍛えられると思うのですね。それは、貴重な財産だと思います。ですから、あまり慎重に石橋をたたきすぎず、少々自分には荷が重いと思われることでも、挑戦していきましょう。結果が良くても悪くても、挑戦は必ず報われると思います。

　「下支え要因」の説明は、以上です。本章の最後に、番外編ともいうべき、「個人のライフ・ビジョン」（39）について説明します。

　なぜ、番外編と銘打ったかというと、「個人のライフ・ビジョン」は、必ずしも「下支え要因」ではなく、「個人のライフ・ビジョン」はなくとも、「下支え要因」→「効果的スキル」→「仕事の効率化・仕事の質の向上」という流れを実現することは、十分可能であるからです。しかしながら、なにかしら大きな業績を残したり、運動選手で超一流の域に達したりしたような人たちは、みな、「個人のライフ・ビジョン」を若いうちから掲げていますね。「ライフ・ビジョン」という言い方になじみがなければ、「人生の大きな目標」と言い換えてもいいでしょう。著名人のケースでは、錦織圭選手（テニス）、本田圭佑選手（サッカー）、大谷翔平選手（野球）などなど、枚挙にいとまがありません。彼らは、幼少のころから、「僕は、ｘｘｘｘの世界で日本一になる、世界一になる」というような目標を掲げていたそうです。スポーツ選手だけではありません。日本電産の永守社長の御著書を読むと、お若いころからしっ

かりとしたライフ・ビジョンやそれを実現する計画をお持ちであったことがわかります。抜粋してみます。

「そもそも少年の頃から将来は起業しようという考え方があり、株式投資もその準備のために始めた」[44]：これは、永守さんの子供時代の「ライフ・ビジョン」です。

「1973年の創業時、『精密小型モーターで世界一になる』という夢を抱き、50年計画で売上高1兆円を目指すと宣言した。この段階では確かに『大ボラ』で、周囲から『1億円の間違いですよね』と聞き直されたほどだった。」[45]：これは、永守さんの大人になってからの「ライフ・ビジョン」です。

「もちろん私のホラは口からでまかせ、というわけではない。そこに至る道筋、そのための戦略は自分なりにきちんと描いている。長期の展望を口にする際には、それこそ『怖がり』になって、事前に徹底的に調査し、分析する。」[46]：これは、「ライフ・ビジョン」を実現するための目標の体系化です。

ただし、小さいとき・若いときに壮大な目標を掲げることはそれほど特別なことではありません。みなさんも、おそらく、小学校や中学校の卒業文集に「将来の私の夢」を書いたのではないでしょうか。しかしながら、壮大な夢を実現できるのは、おそらくほんの一握りの人だと思います（かくいう私も子供の頃は、ここに書くのも恥ずかしくなるような大それた夢を書きました）。では、なぜ大きな夢を実現できる人とそうでない人が出てくるのか？　夢を実現できる人の秘密はなんでしょうか？

おそらく、夢の実現には、いろいろな要素が必要であり、最大の要素

---

[44] 出所：「永守流　経営とお金の原則」（永守重信、日本経済新聞出版、2022年）、p.29

[45] 出所：同上、p.163

[46] 出所：同上、p.164

体のケア	サプリメントを飲む	FSQ 90kg	インステップ改善	体幹強化	軸をぶらさない	角度をつける	上からボールをたたく	リストの強化
柔軟性	体づくり	RSQ 130kg	リリースポイントの安定	コントロール	不安をなくす	力まない	キレ	下半身主導
スタミナ	可動域	食事 夜7杯 朝3杯	下肢の強化	体を開かない	メンタルコントロールをする	ボールを前でリリース	回転数アップ	可動域
はっきりとした目標、目的を持つ	一喜一憂しない	頭は冷静に心は熱く	体づくり	コントロール	キレ	軸でまわる	下肢の強化	体重増加
ピンチに強い	メンタル	雰囲気に流されない	メンタル	ドラ1 8球団	スピード 160km/h	体幹強化	スピード 160km/h	肩周りの強化
波をつくらない	勝利への執念	仲間を思いやる心	人間性	運	変化球	可動域	ライナーキャッチボール	ピッチングを増やす
感性	愛される人間	計画性	あいさつ	ゴミ拾い	部屋そうじ	カウントボールを増やす	フォーク完成	スライダーのキレ
思いやり	人間性	感謝	道具を大切に使う	運	審判さんへの態度	遅く落差のあるカーブ	変化球	左打者への決め球
礼儀	信頼される人間	継続力	プラス思考	応援される人間になる	本を読む	ストレートと同じフォームで投げる	ストライクからボールに投げるコントロール	奥行きをイメージ

図：大谷曼荼羅チャート

は、個人の資質と努力でしょう。加えて、運もありますね。ただ、それだけではないと思います。それは、着地点・到達点を示す「ライフ・ビジョン」にとどまらず、そこに行きつくまでのプロセスを明確化すること、すなわち、「ライフ・ビジョン体系」を構築し、日々、努力を重ねることだと思います。私は、そんな問題意識をずっと持っていましたし、同じようなことはご紹介した『GRIT』にも書かれていました。ただ、『GRIT』にも実際の成功事例は載っていませんでした。

　最近、私は、「これがまさしくライフ・ビジョン体系だ」というものを見つけました。ご存知の方もあるでしょう、今アメリカのメジャーリーグで大活躍中の大谷選手が使っていたと言われる、「大谷曼荼羅

チャート」です[47]。「曼荼羅チャート」とは、曼荼羅模様のようなマス目を作り、そのマス目一つ一つにアイデアを書き込むことで、アイデアの整理や拡大などを図り、思考を深めるものです。大谷翔平選手は、高校1年生の時に監督・佐々木洋氏からの教えにより作成したそうです。前頁の図が、その実物です。

　ここからは、私の解釈ですが、まず、チャートの中心に当時の最大の目標「8球団からドラフト1位指名されること」が設定されています（実際には、ドラフト会議当時、大谷選手は、日本プロ野球界は経由せずにメジャーへ挑戦することを明らかにしていたため、指名したのは、日本ハムファイターズだけでしたが、日本のプロ野球に進む意思があれば、間違いなく複数球団から指名されていたことでしょう）。その最大目標を実現する手段として、以下の8個の目標が設定されています。面白いことに、当時は、ピッチャーとして技量を高めることに関心が強かったようで、8項目中、4項目がピッチングに関するもののようです。

1．体づくり
2．コントロール
3．キレ
4．メンタル
5．人間性
6．運
7．変化球
8．スピード

　曼荼羅チャートではさらに、上記の8項目のそれぞれに目標達成のための8つの手段が書かれています。ということで、おそらく、高校生活

---

[47] 以下は、主に「カオナビ人事用語集」（https://www.kaonavi.jp/dictionary/otanishohei_mokuhyosetteisheet/）よりまとめた。

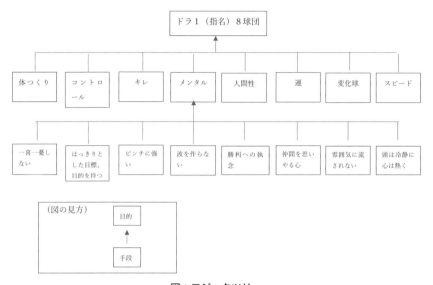

図：ロジックツリー

を通じ、毎日、計64（＝8×8）の項目の達成を追求していたのでしょう。実際に1項目1項目を精査すると、ほぼ活動レベルの事柄（例：「体づくり」のための「食事、夜7杯、朝3杯」）と高いレベルの事柄（例：「人間性」を高めるための「愛される人間」）が混在していますが、そこは、御愛嬌としましょう。

　こうしてみると、大谷曼荼羅チャートは、一瞬びっくりするほど精緻で複雑に見えますが、実は、上記のようなロジックツリー（課題を達成するための「目的─手段」のロジックを使ったもの）に転換できますね。

　上のツリーを見ると、最初と2段目の関係を見ると、手段→目的の関係がありますが、2段目と3段目の関係を見ると、手段→目的の関係もあれば、3段目には、2段目の内容をより具体的に描写したもの（どちらかというと、2段目の分解に近い）もあります。このあたりは、どの段階までを「手段→目的」とし、どこからは「統合─分解」かをルール化してもいいかもしれません。あと個人的には、個々の目標をできる

だけ数値化・具体化すれば、「ビジョン体系」は、完成と言って差し支えないと思います[48]。ここまでは、PDCA サイクルの P（計画立案）ですから、この後は、書かれたことを実践し（D）、目標の達成度を測り（C）、適宜修正を図る（D）という流れになりますね。さて、現実はどうだったかというと、大谷選手は、見事、曼荼羅チャートの中央、あるいはロジックツリーの最上位の目標を達成しています。あっぱれ、というほかはありません。おそらく、大谷選手は、書かれた 1 個 1 個の活動を愚直に実践していったに違いありません。なぜならば、64項目の活動項目の中には、今もって彼が実践していると思われる「ゴミ拾い」「体重増加」「思いやり」などが含まれているからです。よって、上記の曼荼羅チャートの PDCA サイクルもきちんと回していったのだろうと推測できます。

　大谷選手の事例は、既にご紹介した『GRIT』で説明されている目標達成の秘訣にも通ずるところがあります。同書では、上記と全く同じようなツリーが紹介され、それで最上位の目標が達成されない理由として以下のように書かれています。

　「私はこれまで、将来の夢を持っているたくさんの若者に出会った。『医師になりたい』『NBA のバスケットボール選手になりたい』など、大きな夢を持っていて、その夢が実現したらどんなに素晴らしいことが待っているかと、あれこれ思い描いている。ところが、夢を実現するための中位や下位の目標を具体的に設定することができない。……（中略）……最上位の目標がぽつんと浮かんでいるだけで、それを支える中位や下位の目標がまったくないのだ。」[49]

---

[48] 大谷選手の曼荼羅チャートの場合は、時間軸が高校の 3 年間と短いですが、同じような考え方で 5 年単位、10 年単位の曼荼羅チャート、もしくは、「ビジョン体系」を作ることができます。あまり長期間だと環境（および自分自身）の変化に対応できませんので、最長10年くらいのスパンで更新していくのがいいと思います。

[49] 出所：『GRIT』p.91

大谷選手の場合、曼荼羅チャート自体が、最重要な目標だけでなく、それを支える中位や下位の目標が見事なまでに明確化されていますね。あと『GRIT』では、著者のダックワース先生自身の失敗例として、長い間、週に数回ジョギングしているにもかかわらず（累積で何万時間も）、ちっとも速くならない理由として、「ランニングのスキルの上達を目指して、具体的な目標を持っていない」と専門家に指摘されたことを挙げています。『GRIT』の研究の第一人者である、ダックワース先生ですら、このていたらくですから（失礼）、灯台下暗しなんですね。先に私自身も小学生の時に壮大な夢を掲げて実現しなかったことを書きましたが、その理由も、まさしく「中位や下位の目標がまったくない」ことに尽きます。もっとも、卒業文集に何か書くように言われたから書いたまでであり、元々強い思い入れがあったわけでもなかったのですが。

　と、ここまで、「個人のライフ・ビジョン」にかなりの紙面を割いてきました。ただ、私は、だれしもがみな、「個人のライフ・ビジョン」あるいは「個人のライフ・ビジョン体系」を作るべきだ、作りなさい、と勧めるわけではありません。個人的には、夢を実現するための大きなツールだとは思いますが、こうしたあらかじめ設定した目標に沿って生きるなんて、窮屈でしようがない、という向きもあるでしょう。最近、キャリア・パスの形成では、そういった、ある意味「行き当たりばったり」の生き方にも関心が寄せられています。具体的に紹介すると、1999年にアメリカのキャリア・カウンセリング学会誌でスタンフォード大学のクランボルツ教授らの「プランド・ハップンスタンス（計画された偶発性）理論」が発表されました。これは、キャリアは偶然の出来事、予期せぬ出来事に対し、最善を尽くし対応することを積み重ねることで形成されるという理論であり、数百人に及ぶ成功したビジネスパースンのキャリアを分析したところ、なんとそのうち8割は、いまあるキャリアは予期せぬ偶然に因るものだと答えたということです。日本のビジネス本・自己啓発本の世界では、「明確なライフ・ビジョンを設定しよう」

というような主張が圧倒的に多いですが、私は、この臨機応変的なアプローチも、柔軟性があり、自然体で生きていけるのでとてもよいと思います。

　こと私自身の職業人生を振り返りますと、どちらかというと、成り行きに任せながら、その時々の自分の思いに沿って、キャリア形成を行ったように思います。私なりに読者のみなさんへのアドバイスをまとめますと、すでに将来の（あなたが30歳であれば、40〜50歳の）目標を固めておられるのならば（＝しっかりした「ライフ・ビジョン」があるならば）、それを実現するための「ライフ・ビジョン体系」を早急にこしらえてみるのが目標実現に役立つと思いますし、仮にそこまで強く追いかけたい将来の明確なターゲットがないのであれば、ご縁があって勤めておられる今の会社で腕を磨き、なんらかの分野でプロフェッショナルになり、将来、心境や環境の変化に応じ、いろいろなことにチャレンジするのがよいと思います。

　最後の「基盤（健康管理）」は、次の第6章で説明します。

第6章 あるべき生活像に近づくための11の健康習慣

　第3章「ビジネスパーソンとしてあるべき生活像とは」で、人生で押さえるべき重要なポイント4点のうちの1点として、健康を維持することを挙げました。そして、例えば、健康を維持できないと他の3点にも影響する理由として、以下のような悪循環のケースを示しました。

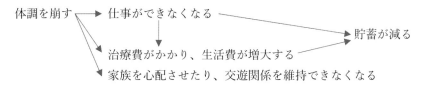

　もう少し具体的に考えてみましょう。体調を崩す、といってもピンからキリまでありますが、上の事例は、単に風邪をひいたり、疲れがたまって少々寝込む、といった状態よりも、もう少し深刻な事例を想定しています。「病気になる」というレベルだと思っていただいていいでしょう。この場合の病気は、もちろん、短期間で回復できる、風邪、ケガや事故ではなく、典型的には生活習慣病と言われるような病気で、場合によっては、入院するようなレベルです。上図の通り、直接的には、仕事に対する悪影響が出ますし、経済面でも負担が増えます。

　前者（仕事に対する影響）の場合は、まず、明らかに、こなせる仕事の量が減りますし、仮に通院により、だましだまし仕事をしていても、仕事の質はあがることはありません。場合によっては、仕事でミスが出たり、本来ならば、100点の仕事が80点になったりするでしょう。出来高ベースで仕事をしている人などは、明らかに収入も減ると思います。
　後者（経済面）も大きなインパクトを持ちます。マクロ的な統計で見ると、厚生労働省が公表している「国民医療費」のデータによると、2019年度の人口1人当たりの医療費は、1年間で35.2万円です。次に

世帯の支出ベースで見ると、総務省の出している家計調査報告（2020年）によると、月単位の世帯（２人以上の世帯）平均の支出額のうち、「保健医療」の項目は、１万4296円で、年あたり、約17万円です（消費支出全体の約5.1％になり、水道光熱費の出費よりも多いです）。

　さらに、世帯の年齢別にマクロ的な統計で見ると、同じ厚生労働省が公表している「国民医療費」のデータによると、上記の平均値35.2万円に対し、医療費は、歳をとるにつれ増加し、70〜74歳のグループでは、男性―約72万円・女性―約56万円、80〜84歳では、なんと男性―約104万円・女性―約87万円になります。支出ベースで見ますと、2017年の消費支出の10大費目別構成比を世帯主が65歳未満の世帯（非高齢者世帯）と比較すると、「保健医療」が1.69倍と最も高くなっています[50]。

　よりミクロなケースを考えても、みなさんの身近に医療にお金がかかっている人はいませんか？　例えば、糖尿病などは、当初、あまり症状がないため、真剣に対策を打たず、気がついたら血糖値が継続的に上昇し、毎年、治療薬代が増えている、というのはよく聞く話ですし、歯の治療などでもかなりまとまった出費をしている人もおられるのではないかと思います。

　仮に医療費を年間20万円使っているとして、健康管理で医療費を節約し、その半分を貯蓄できていたとしたら、どうでしょう？　おそらく、10万円でも複利ベースで20年間、年３％の運用で、20年後には、270万円程度になります。これは、馬鹿にならないレベルの貯蓄ではないでしょうか。実際には、上で見たように年齢を経るにつれて、保健医療関連の支出額は増えていますから、若いうちからの健康管理の経済的な効果はもっと大きいかもしれません。

---

[50]　以上は、「ニッセイ基礎研究所、基礎研レター（2018.2）」より抜粋した。

実は、体調を崩すともうひとつ失うものがあります。それは、通院や入院にかかる時間です。健康であれば、なにか他のことに使えた時間を失ってしまいますね。よって、体調を崩すと、仕事の成果、お金、時間のすべての面で損をすることになります。ここであらためて、第4章の図「業務改善の階層構造」を見ていただきたいのですが、階層構造の一番上は、「業務の効率化・業務の質の向上」ではありませんでした。「業務の効率化・業務の質の向上」のもたらす、ストレスの軽減、睡眠時間の確保、仕事への高い評価が、一番上のレベルです。さらに、「仕事への高い評価」は給与の増加や昇進につながり、それは、直接・間接に健康にもつながりますね。ということで、一番上の階層から、一番下の基盤（健康管理）に戻ってきます。これこそが、実現したい正の循環です。

　それでは、前置きはこれくらいにして、私がお勧めする11の健康習慣をご説明します。ちなみに、私は、保健医療の専門家ではなく、この方面は素人であり、以下は、私が長年試した経験や書物で勉強したことに基づいています[51]。ビジネスパーソンの一個人としての考えですから、あくまでもご参考までに。ただし、私は、すでに還暦をとうに過ぎていますが、大病もせず、元気で現役のコンサルタントとして、活動しております。健康習慣によるところも大きいのではと思っています。余談ですが、タニタ(株)の体重計で計測した「体内年齢」[52]は30歳台です。全部、自分の歯で、未だ、老眼も来ていません[53]。

　11の健康習慣は、以下の通りです。以下の項目の①・②・④・⑨以

51　この度、念のために、「健康管理士一般指導員」の資格を取得しました。

52　基礎代謝の年齢傾向とタニタ独自の研究により導き出した体組成の年齢傾向から、測定された結果がどの年齢に近いかを表現したもの。

53　私の健康習慣と老眼が来ないこととの因果関係は不明です。ただし、健康習慣が、いわゆる「加齢」を遅らせ、結果的に、老眼もまだ来ていないのかもしれません。

外は、どちらかというと、比較的最近、確立した・整えてきたものです
ね。もっと早くから実践していたら、今の自分の体はもっといい健康状
態になっていただろうと思います。

大前提：意識改革

〈標準的な健康習慣4則〉

- ①　十分な睡眠
- ②　規則正しい食事
- ③　各種トレーニング・運動
- ④　禁煙・節酒

〈健康維持のため私の習慣7則〉

- ⑤　ストレス・マネジメント
- ⑥　計測すること
- ⑦　おかしいなと思ったら、すぐ病院に行くこと
- ⑧　研究すること、試すこと
- ⑨　よい姿勢を保つ
- ⑩　歯のケア
- ⑪　スマホにご用心

　大前提：はじめに「意識改革」の重要性を挙げておきましょう。本書
は、20代から30代のビジネスパーソンを対象としています。したがっ
て、まだ健康問題にさほど関心のない方も多いことと思います。私自身
が、その年齢の頃も、あまり健康管理には関心が強くはありませんでし
た。ただ、今の自分の歳になって、周囲の友人・知り合いのケースを考
えると、若いうちから健康管理に気を使っている先輩は、お年を召して
も、健康でばりばり活躍されていますし、若いうちは病弱で何度も深刻
な状態に陥ったが、健康管理に注意し、長寿を全うされた方がいます。
逆に、お酒の飲みすぎで肝臓を壊してしまい、残念なことに若くして亡

くなってしまった知り合いもいます。ですから、まずは、「わたしはまだ大丈夫」「俺にはまだ早いよ」と思わずに、健康管理には若いうちから関心を持ち、できることから始めることのメリットは非常に大きいことを強調しておきたいと思います。今、30歳のあなた、20年後に後悔しても遅いのです。少々くどいかもしれませんが、生活の他の要素との関係でも、健康でいることは、仕事的にも、経済的にも、家族や友人との関係においても、必ずいい影響があり、逆に、健康を失うと、その他の生活の局面に悪影響を及ぼします。

　では、１つ１つ説明します。

〈標準的な健康習慣４則〉
　①　十分な睡眠：まず、本項目以降の４項目は、いわば鉄板であり、医療の専門家もこぞって勧めている事柄です。睡眠は、特に医学的な説明がなくても、不足していると様々な悪影響があることは、みなさん、経験的にも異論はないと思います。寝すぎも体にはよくないようですが、問題であるのは、やはり短すぎる睡眠時間ですね。最近は、「睡眠負債」という言葉もよく聞くようになりました。要は、毎日の睡眠不足が「借金」のように積み重なり、やがて「負債」となって健康被害を及ぼすことだそうです。その被害は、「自律神経が乱れたり高血圧や不整脈などの体調不良が生じること」にとどまらず、「判断力や記憶力が低下して、単純ミスを繰り返すなど仕事に悪影響がある」とも言われています[54]。それで、睡眠不足への対処法は、睡眠時間を確保することですが、通常、健康に関連する書籍では、具体的な方法が書かれていることはありません。もう読者はお気づきのように、ビジネスパーソンの場合は、仕事の効率化により、仕事時間を短縮するしか現実的な方法はありません。そこで、本書では、大分の頁数を割いて、いろいろと提言させても

---

[54]　出所：https://www.francebed.co.jp/umoureform/faq/sleep/sleep-debt.html

らいました。ご自身の組織内のポジションがまだ、指示を受けて作業するパターンが多い場合だとなかなか状況は変えられないかもしれませんが、それでも、本書に書いたような事柄を実践されれば、仕事は効率化できますし、みなさんが組織内でより高いポストに就き、業務量を自分で加減できるようになれば、なおさら、状況は改善できると思います。あと最近は、ごく短時間の昼寝も推奨されていますね。コロナ下でのリモートワークの環境であれば、周囲の目も気になりませんので、これもコストはかからず、よい方法かもしれません。

② 　規則正しい食事：まず、3度3度の食事をきちんととるということですね。それぐらいできているよ、という人も多いかもしれませんが、それは、入り口であって、食べるものの選択や食べ方についても留意する必要があります。当たり前のことである、3度3度しっかり食べること以外に付け加えるとするならば、以下になりましょうか。

・不足しがちな野菜をしっかりとる（野菜から先に食べることも多くの人が推奨しています）
・よく噛んで食べる（歌手の郷ひろみさんは、食事の際、都度30回咀嚼されるそうです。こればかりは、私もまねできません）
・あまり夜遅くに食べない
・各自の体のコンディションに合った食べ物を食べる（これは、専門的な話になりますし、かなりの紙面が必要になりますが、例えば、カルシウム不足が心配な方の食べ物は……といった事柄です）
・腹八分。これも昔からよく言われていることですね。若いうちは、なかなかそうもいきませんが、腹八分の食生活により、血糖値、コレステロール値、血圧など生活習慣病に関連する数値が改善する、と言われています。最近の研究結果として、「いわゆる

長寿遺伝子（サーチュイン遺伝子）が、空腹状態の時に最も活性化し、満腹状態では働かなくなってしまう」というような医療関係者の提言もよく目にしますね。腹八分の食生活でより健康になり、さらに寿命まで延びるのならば、いいことづくめですね。

③　各種トレーニング・運動：特に加齢による筋力の低下がさまざまな問題を引き起こすのは間違いないようで、体育や部活などで運動する機会の多い若い世代よりも、中高年の人たちこそ、積極的に運動をする必要がありますね。私も、20代くらいまでは、テニスやソフトボールなどしていましたが、その後、運動はさっぱりで、今更ながら反省しています。今も、十分とはいえませんが、本で読んだり、テレビなどで見聞きしたりした筋力トレーニングをいろいろと試しています。以下の⑧にも書いていますが、複数の人（医療の専門家）がエビデンスをもって勧めており、自分が納得できる理屈があることは、片っ端から試し、どうやら効果がありそうだ、と思ったことを継続しています。やはり中高年になってから筋力不足から来る諸症状に悩む前に手を打っておいたほうがいいですね。

　もう1点ありがたいのは、トレーニング・運動は、仕事や勉強にも役立つということです。ベストセラー『スマホ脳』の著者、アンデシュ・ハンセンさんは、種類を問わず、運動は、集中力や記憶力を高め、ストレスへの抵抗力を高めると力説していますね[55]。

④　禁煙・節酒：これももう現代人の常識と言って差し支えないと思いますが、喫煙は、百害あって一利なし、です。たばこの煙の中には、約5300種類以上の化学物質が含まれ、このうち約70種類は発がん物質、発がん促進物質とされています[56]。喫煙者は、肺がんだけでなく、喉頭がん・食道がん・胃がんなどのがん死亡率、慢性呼

55　出所：『最強脳』（新潮新書、2021年）

56　出所：日本成人病予防協会

吸器疾患、消化性潰瘍の発生率が高いそうです。まれにタバコ好きだが80代でぴんぴんしているような方もありますが、おそらく例外でしょう。やはり、禁煙するのがよいと思います。飲酒に関しては、飲みすぎにならず、一定量に抑えるのならばよい、というのが通説のようですね。

〈健康維持のため私の習慣７則〉

⑤　ストレスマネジメント：５章でも「ストレスマネジメント」のTIP がありましたが、ここでは少し別の角度から述べます。ストレスを引きおこす要因を専門用語で、「ストレッサー」と言います。ストレッサーには、「物理的ストレッサー」「社会的ストレッサー」「心理的・情緒的ストレッサー」「生理的・身体的ストレッサー」の４種類があります。過剰なストレッサーにより、視床下部という部位が全身への命令をうまく伝えられなくなり、自立神経や内分泌に悪影響を与え、最終的には、免疫機能が低下し、いろいろな疾病を引き起こすわけですね。上記の社会的ストレッサーの典型例は、人間関係です。また、生理的・身体的ストレッサーの代表例は、疲労や不眠ですね。よって、すでに本書でご紹介した事柄の繰り返しになりますが、仕事を効率化したり、質を向上させることにより、また職場での人間関係を改善することや欽ちゃん哲学（TIP ㉝）を実践することで、社会的ストレッサーを軽減することができます。また、同じく仕事の効率化による睡眠時間の確保で、疲労や不眠といった状態を改善できます。こうしたストレッサーの軽減により、将来的な疾病の発症を防げるわけです。

⑥　計測すること：よく経営の世界では、「測れることしか改善できない」と言われますが、それは、健康管理にもあてはまるように思います。実際に、いろいろな物差しで測り、他者や過去の自分と比較することで、事態のよさ加減・悪さ加減がわかりますね。ダイエットの第一歩も、毎日、きちんと体重を測ることからだと言われ

ます。私自身の場合は、体温や血中酸素濃度は、（コロナ下で始め
たことですが）日に２回計っており、あとは、体重や体脂肪率も毎
日計っています。あと、考えてみれば、健康診断も重要ですね。勤
め人の場合は、年に１回は、人間ドックとして、体の各部位の状況
を確認できるのではないでしょうか。こうしたいろいろな指標によ
り、体調の悪化を初期段階で察知することは重要ですし、また、い
ろいろな取り組みの効果を測り、努力を継続するモチベーションに
したり、あるいは、取り組みの効果が弱い場合に対策を変更したり
することも効果的と思います。

⑦　おかしいなと思ったら、すぐ病院に行くこと：これは当たり前の
ことかもしれませんが、みなさん、例えば、歯の治療など、ついつ
い後回しにしていませんか？　ビジネスでも同じかと思いますが、
問題は初期段階で手を打つのが最善のアプローチと思います。ほ
うっておいて解決する問題など、健康に関しては、ほとんどないの
ではないでしょうか？　大体放置しておくと、症状が悪化してさら
に苦しんだり、結果的に多大な治療費を払ったりすることにもつな
がりますね。

⑧　研究すること、試すこと：私はなにか体調に異変を感じたり、病
気になったりしたときは、まず⑦の方法をとりますが、それと同時
に健康オタクの友人にも相談しながら、いろいろと調べ、対応策・
対処方法を考えます。それは、どういうことかというと、専門の先
生に診てもらったからといって、100％完全に治癒したり、症状が
治ったりするわけではないからです。具体的に言いますと、ｘｘｘ
病という診断がつき、効果的な薬が投与されるような場合は、それ
でいいのですが、例えば、メタボや高血糖などという問題は、専門
家からも漠然としたアドバイスしか受けられないことも多く、より
具体的な方法論は、病院の外にあるケースが多いためです。幸い、
今の日本では、健康の課題、それも個別具体的なさまざまな課題に

関する書籍が沢山出版されていますし、テレビなどでも対策が紹介されますね。そういったもので研究するということです。健康法の場合、体質の異なるすべての人に効き目のある方法がないせいでしょうか、結果的な「外れ」も少なくはないのですが、それでもいろいろと試してみることに価値があるように思います。私はできるだけ、複数の専門家が勧めているような方法を選んだり、その健康法の説明に素人ながらも納得のいく説明がされているものを選んだりするようにしています。

⑨　よい姿勢を保つ：日頃テレビを見ていて、肩こり・腰痛・ひざ痛などの各種の痛み用の薬の宣伝を見ない日はありません。どちらかといえば、シニア対象の CM ですが。またまた自慢話のようで恐縮ですが、私は、これらの痛みとは無縁なのですね。どうして、みんなそんなにあちこち痛くなるのだろう、と思い少し調べてみました。これらの症状は、加齢と結びつけられることが多いですが、症状により原因も異なるようです。

　　たとえば、腰痛の場合は、加齢というよりも、どうやら、悪い姿勢を続けることの経年効果やストレスが大きく影響しているようです。とすれば、若いうちからいい姿勢を保つこと[57]やストレスをコントロールすることが重要ですね。そういえば、私の場合、昔から割と姿勢がいいと言われてきました。また、ストレスマネジメントに関しても、上記の⑤ストレスマネジメントや本書の各所で記述したような対策を講じてきました。

　　ひざ痛の場合は、加齢による「変形性膝関節症」という症状の発生がもっとも多いケースのようです。軟骨が年とともに徐々に摩耗

---

[57] 整体師の方がこの辺を詳しく解説している Youtube のプレゼンを見つけましたので、よかったら、アクセスしてみて下さい。
https://www.youtube.com/watch?v=DlzA3GZPTvk「【老化じゃない】歳取ると膝や腰、首、肩などあちこち痛みが出るたった１つの理由と対処法」

し、半月板も損傷し、炎症が起こるのだそうです。とすると、なかなか自然の摂理にさからって、予防することは難しそうですが、起こってしまったときの対策は、専門的な治療や薬物療法以外では、適度な運動をすることに効果があるようです。としますと、手前味噌になりますが、上記の TIP ③各種トレーニング・運動も役に立ちそうです。

⑩　歯のケア：歯は、食事をしっかりとるために非常に重要ですね。ただ、特に若いうちは、こまめに歯の手入れはなかなかできないもので、みなさん、歯が抜けたり、歯の詰め物がとれたり、歯が痛くなってはじめて、しぶしぶ歯医者さんに行くのではないでしょうか。私も生来歯が丈夫なわけでもないのに、長い間、特に手入れをしてこなかったがために、虫歯の治療あとだらけです。ただ、幸いなことに、まだすべて自分の歯です。50代の半ばくらいからのケアが多少は効いているのかもしれませんね。今現在やっていることは、以下のみです。

・歯磨き：恥ずかしながら、昔は、寝る前に1回磨くだけでしたが、今は、日に3回歯磨きし、また寝る前には必ず歯間ブラシでケアします。これは、すべて歯医者さんにおそわったことです。私は、1日に歯を5回磨く人を2人知っていますが、おふたりとも80代のご高齢ですが、非常に健康ですね。
・定期的な歯垢・歯石の除去：昔は、なんらかの理由で歯医者さんにいったときのついでに行ってもらいましたが、最近は、昔よりも歯につきやすいようで、定期的に行っています。よくテレビのCMで歯周ポケットが云々……と耳にしますが、歯垢・歯石が残っていると、歯槽膿漏になりやすいようですね。その前段階として歯周ポケットがだんだん深くなると。したがって、歯垢・歯石の除去は非常に大切です。

　歯が丈夫かどうかは、どうも遺伝的・体質的な個人差が大きいようなので、特に歯が弱いという自覚のある方は、手遅れにならないうちに、歯のケアを習慣づけることを強くお勧めします。

⑪　スマホにご用心：最近、スウェーデンの精神科医であるアンデシュ・ハンセンさんの『スマホ脳』[58]という本がベストセラーになっていますね。まず、スマホ依存が引き起こされる要因の説明としての「スマホの頁をめくるごとに脳がドーパミンを放出し、その結果、私たちはクリックが大好きになる」という説が非常に興味深いですね。要約すると、スマホの過度な利用[59]には、以下のような問題点があるようです。

・睡眠不足につながる（英国では、11〜18歳の半数が夜中にもスマホをチェックしているという事例が紹介されている）
・ブルーライトにより睡眠の質が低下する
・長期記憶[60]を作るための集中を妨げる
・ストレスが増え、うつ病になるケースが増える

　私は、この本の著者でも研究者でもありませんから、上記の項目が事実なのか、なぜ起こるのかを科学的にきちんと説明はできません。ただ、最近、特に若者が1日のうち何時間もスマホを見ているという話を聞いたり、実際に電車の中でほとんどの人がスマホを見ている光景を目の当たりにすると、非常に不安を感じます。便利で

---

[58] 新潮新書、2020年

[59] 『スマホ脳』によると、「現在、大人は1日に4時間をスマホに費やしている。10代の若者なら4〜5時間」（出所は明示されておらず）。ちなみに、「令和3年版情報通信白書」（4章、「図表4-2-5-3 主な機器によるインターネット利用時間と行為者率」）によると、2020年における20代・30代の平日における「モバイル」の平均利用時間は、いずれも約3時間。

[60] 数カ月、数年、あるいは一生残るような記憶。

面白いはずの道具がだんだんと我々の精神生活を支配しつつあるのではないか、と。それで、私は、もう数年前から、スマホの利用は極力最低限に留めてきました。そういう私もいったん自分の好きなテーマでネットの記事を読み始めるとこわいくらい、のめりこんで、あっという間に時間が経過してしまいます。最近の『スマホ脳』での問題提起を受け、あらためてスマホ依存への警戒感を強めています。

第7章 その他の重要課題
（キャリア形成・転職、語学力の習得、家計・財務）

7−1．キャリア形成・転職
1）人生100年時代の到来

　「人生100年時代」という言葉は、リンダ・グラットンさんの著書『ライフシフト』ですっかり一般的になりました。実際には、厚生労働省の令和2年（2020年）簡易生命表[61]によると、令和2年の30歳の男性の平均余命は52.25年、女性の場合は58.20年です。まだ、人生100年というのはやや大げさな感じもしますが、平成22年（2010年）の30歳の男性の平均余命は、50.41年、女性の場合は、56.92年です[62]から、着実に伸びています。今後、医療技術が進歩すると、本当に人生100年が来るかもしれません。

　私が学生時代であった、1980年頃は、60歳が定年であり、1つの会社に定年まで勤め続け、あとは、年金生活を送るというのが、基本的なパターンでした。ちなみに、1980年の平均寿命は、男性：73.35歳、女性：78.76歳ですから[63]、定年から亡くなるまでは、男性の場合、平均的なケースの単純計算でわずか10年強になります。

　その後、40年が経過し、今や、転職は当たり前の時代であり、環境の変化が激しく大企業といえども経営は盤石でなく、倒産や買収（されるほう）、事業部門の売却がありうる時代です。65歳定年制がかなり浸透しています（2021年のある調査では、約6割の企業が「65歳以上の継続雇用制度」を導入済みだそうです[64]）。しかしながら、各企業の雇

---

[61] 出所：https://www.mhlw.go.jp/toukei/saikin/hw/life/life20/index.html

[62] 出所：https://www.mhlw.go.jp/toukei/saikin/hw/life/life10/01.html

[63] 出所：厚生労働省（https://www.mhlw.go.jp/wp/hakusyo/kousei/10-2/kousei-data/PDF/22010102.pdf）

[64] 「Manpower Group」による。
出所：https://www.manpowergroup.jp/client/jinji/surveydata/20210628.html

用形態は、社会の長寿化に必ずしも追いついてきていません。となると、特に健康に過ごされてきた方の場合、1つだけのキャリアで職業人生を全うすることがもはや極めて困難になりますね。したがって、キャリア形成に関する考え方を昔とは根本的に改め、長い現役時代をどう過ごすかを考えないとなりません。そのためには、第6章で書いたように、まずは、健康でいることが第一ですね。次に、人生にやりがいを持ち、経済的にも快適な生活を送るには、現役時代をいかに長く保つか、が重要になります。これからの超未来のことはなかなか予測が難しいのですが、世の趨勢としては、定型化・標準化の難しい特定のスキルに長じた人が、長く現役でいられると思います。これは、会社の中でもそうした人材は重宝されますし、しっかりしたスキルや高い能力があれば、仮に転職したり転社する場合も有利と思われます。したがって、私は、若い方々になんらかのプロフェッショナルになることをお勧めします。職業で言えば、私が現在そうであるような何らかの分野のコンサルタントがそうだと思いますし、企業の中でも、財務や人事、マーケティングといった部署のスペシャリストです。30歳くらいまでは、会社の中でも、複数部署を体験するのはいいことだと思いますが、徐々に専門性を確立し、会社の中で、「××××に関しては、あの人に聞けばよい」という評判が立つくらいでありたいですし、社内でマニュアルを執筆するくらいの力をつけたいと思います。さらに、書籍の出版までいければ、最高だと思います。あとは、企業の外でも、いろいろなプロフェッショナルな方がおられますね。『最高齢プロフェッショナルの教え』[65]という本を読むと、いろいろな分野の方々が、70代、80代、90代になってもお元気で活躍されているのをほほえましく、また、うらやましく思いました。参考までにどういった職業の方たちかというと、以下のような感じになります。

・パイロット、ギター職人、喫茶店店主、落語家、ライフセーバー、

---

[65] 徳間書店取材班、徳間文庫、2014年

　　スキーヤー、ピアニスト、花火職人、杜氏、DJ、バーテンダー
　　等々。

　どうでしょうか？　え、ご高齢でこんな体力の必要な仕事もできる
の？　というケースもありますよね。

　どの方のエピソードを読んでも勉強になるのですが、この本の冒頭に
ある、取材を受けた方たちの共通点が非常に興味深いです。たくさん項
目があるのですが、4点ほどピックアップします。

・三度の飯よりも仕事が好きで、1億円もらっても仕事を辞めようと
　は思わない
・毎日がワクワクして、楽しくてしょうがない
・好奇心が旺盛で、いろいろなことに興味が尽きない
・ベテランになっても、自分はまだまだと思っている

　なるほど、こうした精神状態で毎日過ごしておられれば、おそらくご
健康に違いないと思いますし、積み重ねた経験に基づく技量も相当なも
のだと推察できます。こうしたご高齢のプロフェッショナルの生き方
は、我々にも参考になるところが大きいと思います。仮に会社員、企業
人であっても、マネできること、取り入れられることはあるのではない
でしょうか。

　大きなポイントは、仕事に対する思い入れですね。上記のような思い
入れ、あるいは、仕事への情熱があり、数十年間努力されれば、間違い
なく、その道のトップランナーになれそうな気がします。また、「旺盛
な好奇心」や「ベテランになっても、自分はまだまだ」という謙虚さが
あれば、スキルやパフォーマンスが停滞したり、簡単に時代遅れになっ
たりすることもないだろうと思います。

まとめますと、これからの人生100年時代を乗り切るには、長い年月をかけ、なんらかのプロフェッショナルになり、その強みを持って、1つの会社や職場にとどまらずとも、現役時代を長く過ごすということでしょうか。

2）具体的なキャリア形成の方法

この本は、20〜30歳前後のビジネスパーソンを対象に書いています。既に、決まった職場・会社でこの先もずっと働いて行きたい、という方も多いとは思います。ここでは主に、私自身の経験を踏まえ、転職したいとか、転職もありうるという方向けに、転職を含むキャリア形成について考えてみたいと思います。

まず、大事なのは、一生を通して自分は何をやりたいか、ということですね。すでに、小さいころから、あるいは、成人してから、自分はこの道を進むぞ、と決められた方は、第4章の「ライフ・ビジョン」のところで説明したように、あとは、「ライフ・ビジョン体系」をこしらえ、日々、努力していかれたら、必ず道は開けると思います。

問題なのは、学生時代を通じても、どうしてもこれがやりたい、ということが見つからず、たまたま縁あって、今の職場にいる、あるいは今の仕事をしている、というケースかと思います。まず、職業選択やキャリア形成において、大事なコンセプトに「天職」という概念があります。大方の人は、自分にとっての天職に就きたい、とか、今の仕事は天職ではないかもしれない、との疑問を抱いているかもしれませんね。ただ、これまでの自分の読書体験も踏まえ私が思うに、天職は発見したり、遭遇したりするものではなく、「作っていく」もののような気がします。ご紹介した本『GRIT』の中でも、素晴らしいパフォーマンスを発揮している人は、今の仕事を天職と考えている人が多いようです。ただ、その場合でも、最初から、その仕事が大好きで、一心不乱に打ち込んできた人ばかりではなく、縁があって、たまたまその仕事に就いたの

　だが、我慢して1年、2年と経つうちに、仕事が面白くなってきた、あるいはのめりこんでいったという人が少なくないようですね。私は、上に書いたように、どうしてもｘｘｘがやりたい、という気持ちがない（なかった）のであれば、今、自分がついている仕事に全力を投じてみるのが一番いいと思います。なぜならば、みなさんは、「縁があって、たまたまその仕事に就いた」とはいっても、職業選択の自由がある日本に生まれたわけですから、あえて自分の嫌なこと、苦手なことを仕事に選んだはずはないからです。著名な経営者やコンサルタントも、職業選択においては、「自分が好きで、得意なこと」を選んでおけばまず間違いないと言っておられますね。私もその通りと思います。「自分が好きで、得意なこと」で今の仕事に就いているのならば、どのような職業であれ、あとは継続的な努力を積むことで、立派な職業人になれると思います。先に述べたように、一つの事柄に打ち込み、押しも押されもしない、なにかのプロフェッショナル／エキスパートになることが末永く現役でいられる秘訣でもあるように思うのです。

　次に、転職一般に関してですが、個人的には、安易な転職は勧められません。安易な転職とは、今の仕事ではｘｘｘｘができない、自分はどうしてもｙｙｙｙがしたいのだ、そのためには、転職する必要がある、といった強い決意がないケースです。人間関係や給与などが転職の強い誘因となるケースがあろうかと思いますが、人間関係は時間の経過で変わることも多いですし、給与も自分の努力次第で、可変ですから。ましてや、独立や自分で会社を立ち上げることは、相当のエネルギーと準備を必要としますから、くれぐれも慎重に行うべきだと思います。

　ちなみに、かくいう私は、複数回の転職を経て、現在に至っています。振り返りますと、安易な転職がなかったとは言えませんが、やはり仕事に対する思い入れと言いますか、納得感を最終的な決め手にしてきたように思います。今の開発コンサルタントという仕事に一番長く従事していますが、後悔はありません。国連機関での海外勤務を終えて日

本に帰ってきた30代の初めが、最後の節目でした。当時、複数のオプションを列挙し、「やりがい」「収入見込み」「好きかどうか」等々複数のクライテリアを設定して比較し、今の仕事を選びました。みなさんも節目節目で迷われることもあろうかと思いますが、そうしたときには、徹底的に考え、悩まれたらいいと思います。これは、私の持論ですが、職業選択の過程で必死に考え続けて、出た結論にはまず、誤りはないと思います。

7－2．語学力の向上

　私は、英語教育の専門家でも英語の達人でもありませんが、一応、海外でも英語を駆使してさほど不自由なく仕事ができています。そういう一個人の体験から、アドバイスをさせていただきましょう。ここでは、ビジネスを行う上でなんといっても需要の高い英語に絞ります。

　まず、語学力、あるいは英語力といった場合、以下の４つの要素が重要と思います。

　・読む力、話す力、聞く力、書く力

　個々の力について、自分の高校卒業時のレベルやどう力を伸ばしてきたかを考えると、以下のようになります。

　－読む力：これは、英語の文献を読めば読むほど、力はつくと思いますが、高校卒業時にほぼ十分なレベルに達していたと思います。その基礎となったのは、文法の知識と語彙の量です。文法は、高校の教科書のレベルで十分ですし、語彙の量も、大学受験を立派にくぐってきた方であれば、３千単語はご存知と思いますから、みなさんも特に問題ないのではないでしょうか。
　－話す力：これは、高校卒業時のレベルでは全く不十分で、簡単なあいさつ程度しかできませんでした。

　－聞く力：今でもヒアリングは得意とは言えませんが、これも高校卒
　　業時には不足していました。
　－書く力：書く力も高校卒業時のレベルは高いものではありませんで
　　した。

　要約すると、読む力は、概ね OK、話す力と聞く力は、不十分で意図
的な訓練が必要でした。これは、高校までの英語教育が、読むことを中
心としていることによると思います。

　書く力は、今でも十分に高いレベルとはいえませんが、書くことだけ
は、自己完結せずとも、人に原稿を直してもらったり、重要な文書であ
ればあるほど、専門の校閲サービスなどを利用できたりしますから、意
図的な訓練はしてきませんでした。ただし、二度英語圏に留学し、国連
機関にも勤めましたので、試験を受けたり、小論文を書いたり、報告書
を書いたりすることで、改善はしてきたと思います。

　当時（自分の20代）、上記のような分析をしたわけではないのです
が、将来的に英語を使うような仕事をしたいという漠然とした気持ちは
あったため、自然と話す・聞く力の向上に関心が向きました。高校卒業
後、大学に進み、いろいろな指導者の本も読み、実行していたのは、以
下のような勉強です。

大学1～3年：
　－ NHK ラジオの「基礎英語・続基礎英語」、民放のラジオ英語教育
　　（「百万人の英語」）や FEN [66] 放送を聞いた
　－大学で ESS（English Speaking Society、英語会）に数カ月所属し、
　　英語でいろいろな活動を行った
　－雑誌『TIME』を使っての輪読会を行った

---

[66] Far East Network の略称。極東にいるアメリカ軍の軍人および家族向けの放送。
　　1997年8月、FEN は AFN-Pacific と改称された。

大学３年時：

　　－大学を休学し、１年間、豪州に留学（３カ月の語学学校と９カ月―
　　　大学の１年度―の大学生活）

　上記のいずれの試みも自分の話す・聞く力を伸ばすのに役立ったと思いますが、一番、英語力が伸びたと実感したのは、実は１年間の留学ではなく、ほんの数カ月の英語会での活動でした。英語会では、主にスピーチ・ドラマ・ディベートといった活動がありましたが、特に有用であったのは、ディベートです。ディベートとは、単なる討論・議論ではなく、あるきまった命題を設定し、それに対し、肯定側と否定側のチームに分かれ、裁判のようにお互いの主張を繰り返し、どちらの議論に理があるか、白黒をつけることです。その際、肯定側・否定側という立場は、個々人の主義・主張とは関係なく、くじかじゃんけんで決めるもので、どちらの側に立っても、弁論を行わないとなりません。スピーチやドラマは、事前に原稿さえマスターしていればいいのですが、ディベートでは、あらかじめ決まったシナリオはありません。事前にリサーチして、議論の材料は集めておきますが、出たとこ勝負で、即興のスピーチをしないとならないのですね。これがよかったのです。考えるに、大学１年生ですでに相当量の語彙はあるわけですが、ふつう、みんなすらすらしゃべれないのは、高校まででしゃべる訓練を積んでいないためです。そこで、通常、ディベートですることは、まず、言いたいこと・メッセージが頭の中に浮かび、それを必死に頭の中で英作文し、なんとか形になったら、声を発するわけですね。感覚では、頭の中の倉庫でほこりをかぶっている英単語を必死に探し出し、それをなんとかつなぎ合わせて口にするということです。もちろん、はじめは、英文を作るのに時間がかかりますし、出てきた文も broken です。ただ、毎日のように、こうした訓練をしていると、徐々に、頭の中での英作文の工程が短くなってきて、また、英語も整える余裕が出てくるようになります。こうした過程は、必ずしも相手が Native speaker でなくてもいいわけなので、英語会での仲間内でのディベート活動で話す力がついた、というわけで

す。

　ですから、話す力、というと普通は、英会話学校に行ったり、留学したり、というふうになるわけですが、もっと安上がりな方法があるのですね。なお、個人的に使ったことはありませんが、最近は、インターネットで、すなわち、PC を使って、英語圏の国民（学生さんなど）の方から、指導を受けるようなこともできるようですね。先方には、いいアルバイトになるでしょうし、当方は、正規の英会話学校の授業料よりもずっと低い金額で個人教授を受けられるようで非常にいいサービスだと思います。

　ディベートにはいろいろな思い出があるので、ご参考までに以下に紹介します。

著者のディベート体験

1．大学でのディベート体験：大学でのその年のディベートのお題は、「Nuclear power plants should be abolished.」すなわち、「原子力発電所は、廃止されるべきだ。」というものでした。当時は、まだ、アメリカのスリーマイル島での原発事故（1979年）もチェルノブイリ原発の事故（1986年）も発生していませんでした。これらの事故が発生していたら、おそらく肯定側にとっては、強力なエビデンスになっていたことでしょう。肯定側・否定側に限らず、説得力のある議論を行うために、とにかくリサーチして、信頼できる専門家の発表や見解などを集めました。当時、私は、法学部生でしたが、大学での勉強よりも、ディベートのリサーチのために国会図書館に詰めていた、記憶があります。1 カ月ほど準備し、英語会が都内で借り切った会場で、地域別に対抗戦が行われ、正装してディベートに臨みました。4 人くらいでチームを作り、我がチームは、「肯定側（＝原発は廃止されるべき）」に立ち、私は、最終発表者でした。熱弁をふるったつもりでしたが、

勝負としては、負けてしまいました。チームメートであった当時の先輩が、敗戦の責任を感じてか、「笹尾、ごめんよー」と言いながら号泣したのを鮮明に覚えています。私はディベートをやり切った満足感に浸り、さほど悔しさは感じませんでした。

2. 仕事でのディベート体験：私は、2004年頃、JICA（国際協力機構）の専門家として、ミャンマーで、「児童中心型教育強化プロジェクト」に従事していました。

　当時、ミャンマーの初等教育の問題点として、暗記・暗唱を中心とした教授方法が指摘されており、暗記・暗唱中心型の学習*¹から児童中心型学習（Child Centered Approach: CCA）*²への転換が必要とされていました。日本政府はこうした課題への取り組みとして、1990年代後半に個別専門家を派遣し、さらに2000年代初頭に本格的な調査：開発調査「基礎教育改善計画調査」を実施しました。これらの支援の成功を受け、ミャンマー政府はさらなる技術協力を日本側に要請し、JICAは2004年12月から3年間、本プロジェクトを実施しました。主な活動内容は、現職教師に対する研修の実施、教育大学における児童中心型教育にかかわるカリキュラムの見直し、児童中心型教育に沿った評価法の開発などに対する支援でした。

　私は、当時、日本から派遣された専門家チームの1人でプロジェクト・マネジャーでしたが、CCAをどうしたら、ミャンマーの教育者に効果的に広められるかを考え、ディベートを行い、旧来型の「暗記・暗唱を中心とした教授方法」よりも、CCAが優れていることを実証しようとしました。それで、教育大学の講堂でセミナーを実施し、その一環として、CCAの賛成者と旧来型の教育方法の賛成者に分かれてもらい、2チームに熱弁を振るってもらい、最後に、聴衆にどちらに理があるかを判定してもらおうとしたのです。結果、うまい具合に、CCAを勧める議論が優勢となり、ことなきを得ました（事前に何も調整・仕

掛けはしませんでしたので、今考えると少しぞくっとします)。
プロジェクトは成功裏に終わり、その後、第2フェーズ、さらに
次のフェーズと展開されました。

注：
＊1．「教科書を教える」こと＝教科書を丸暗記することが最良の学習方法
　　と考えられ、児童が自由に考えたり創造したりする学習活動は行われ
　　にくい環境でありました。
＊2．教師による子どもへの一方的な強制や詰め込みによる教育を批判し、
　　子どもの個性や発達段階、置かれた環境などを考慮して、子どもの自
　　発的な学びを尊重しようとする教育及びその方法。

　最後に申し上げたいのは、英語を話す力は、英語で話す際のパフォー
マンスには必ずしも直結しないということです。具体的に言いますと、
英語で話す局面は、おおまかに、1）会議、2）スピーチ・プレゼン、
3）インタビューくらいかと思います。それで、事前に完ぺきに準備で
きる2）は別として、1）や3）では、かなり即興のやり取りが必要に
なりますね。そこでは、言葉の問題以前に、コミュニケーションの上手
下手があります。すなわち、まず、コミュニケーション能力というフィ
ルターがあり、それをくぐって、言いたいことを英語で言えるかどうか
という2段階があります。したがって、元々のコミュニケーション自
体がうまくない場合は、いくら、英語のしゃべりだけを磨いても、パ
フォーマンス全体はよくならないと思います。したがいまして、英語で
話す、という場合は、そもそも自分は元になるコミュニケーションの力
が十分にあるか、ということも考える必要がありますね。

7－3．家計・財務

　ビジネスパーソンとしては、お金のマネジメントもしていかねばなり
ませんね。私個人は、特段、蓄財や資産形成のスペシャリストではあり
ませんが、元銀行マン・外為ディーラーでもありましたので、知ってい
る範囲で助言させてもらいますね。

人生100年時代と言われ、また、将来の年金の状況が読めませんから、貯蓄に関しても、みなさん、思案のしどころではないでしょうか。細かな金融商品の内容・比較・分析であれば、類書がいくらでもあります（紀伊國屋書店・新宿本店で「資産運用」のコーナーに150冊は優にあります）ので、あまり細かな事柄・テクニカルなことがらではなく、大局的なことに重きを置いてお話しします。

　まず、将来自分はどの程度、資産を形成したいかで、スタンスは違ってくるように思います。まず、お金に不自由しない生活を送りたい、ある程度のお金持ちになりたいということであれば、収入の高い職業・職種を選ぶ必要があります。ただし、収入の高い職業＝自分のやりたいこととは、必ずしも限らないので、どのへんで折り合いを付けるかが大事ですね。ここは、個々人の価値観によると思いますから深入りせず、みなさんが既に一定の職業を選び、今後も続けていく（ただし、転職はありうる）と仮定します。

　次に資産形成のプロセスを考えると、通常は、以下のアプローチになるでしょう。

　A．　収入―支出のキャッシュフローにおける残りの部分を貯蓄に回す
　B．　貯蓄を増やす

　A．に関しては、A-1. 収入を増やすことと A-2. 支出をコントロールすることの2つが重要です。A-1. 収入を増やすことに直結するのが、上記の「収入の高い職業・職種を選ぶ」ということです。A-2. 支出をコントロールすることは、言わずもがなですが、毎月の収入を全部使い切ってしまわないで、いくらか残す、そのために必要な節約を行うということですね。毎月、どの程度の割合でお金を貯めていくかは、個々人の貯蓄性向（所得のうち貯蓄に向けられる割合）・消費性向（所得のうち消費に向けられる割合、消費性向＝1－貯蓄性向であるため、貯蓄性

向の反意語となる）にもよりますし、最終的にある目標年次（例：自分が60歳になったとき）にどの程度の貯えを持っておきたいかによります。

　B. に関しては、超低金利時代の今、給与の残高をそのまま銀行の普通預金に置いておいてもほとんど増えませんから、A. の行動により、ある程度お金が貯まったら、なんらかの資産運用を始める、というのが常道と思います。その場合、基本的に、世の中、ハイリスクハイリターンですので、どの程度リスクをとれるか、また、上記と同様、最終的にある目標年次にどのくらいお金を貯めておきたいかで、資産運用方法を決めたらと思います。

　具体的に考えると、もし、今、私が30歳だとすれば、以下のような手順で考えるでしょう。
・定年後ある程度の年金はもらえると仮定し、60歳時点（30年後）に手元に保有しておきたい資産の額を設定する（大前提）。
・30～60歳までの簡単な自分のキャッシュフロー・シミュレーションを行う。以下のような項目（縦軸）でエクセル表（横軸は時間軸で、各年になります）を作る。

1行目：想定年間給与額（正味）
2行目：想定年間貯蓄額（単年）
3行目：貯蓄額（累積）
4行目：投資額
5行目：投資回収額
6行目：手元資産額

では、もう少し細かく、各項目を見ていきましょう。
1行目：想定年間給与額（正味）—これは今定職についている場合は、大体の見通しは立てられると思います。
2行目：想定年間貯蓄額（単年)—ここが一番難しいと思います。独

身者の場合は、自分の貯蓄性向・消費性向は大体わかりますから、単純に毎年、給与の何％を残すとか、何万円を残す、でいいでしょうが、独身主義者でない方の場合は、特に結婚後のシミュレーションが難しいですね。人生ゲームでもやってみるつもりで、「（貯蓄性向に関して）ｘｘｘｘの特徴をもった伴侶をｙｙｙ年に迎え、２人の勤労パターンはｚｚｚｚ、子供はａａａ人持つ、学校はｂｂｂに行かせる」、したがって、粗々の支出パターンはこうなると、考えてみます[67]。まず、一番きついシチュエーションで試算してみるといいと思います。

３行目：貯蓄額（累積）―２行目の数字から計算できます。[68]

４行目：投資額―特定年に計上します。発生したら、その金額を３行目の「想定年間貯蓄額（累積）」から差し引きます。通常の世帯で最も大きな投資は、自宅の購入ですが、これは、資産価値は経年的に目減りはするものの、貯蓄の一種と考え、特に数字をいじらないこととします。よって、家を購入しても４行目には、計上しません。

５行目：投資回収額―特定年に計上します。例えば、10年定期預金であれば、預入年から10年後の年に元本＋利子額を計上します。ここも選択する金融商品により、数字はかなり変わってきます。

６行目：手元資産額―上記の３行目と５行目から計算できます。

　上記で、60歳時点の粗々の手元資産額（含む現物資産）が計算できますね。それで、目標とする手元資産額[69]に近づけるように、日々の消費生活のあり方や資産運用の方法、場合によっては、将来の職業を検討

---

[67] ここはなかなか難しいので、既婚者である会社の親しい先輩や年上の友人、または、親御さんに経験談・経験値を聞くといいでしょう。

[68] あまり気が進まない計算ですが、もし実家などを相続できそうな場合は、老後のキャッシュフローに大きく影響します。

[69] これも設定が難しいですが、たとえば、祖父母の方々がどうであったかのケースを参考にされてはどうでしょう。

することになります。手元資産額に影響する変数はかなりありますが、一番影響が大きいのは、2 行目と 4 行目でしょう。

　2 行目の年間貯蓄目標を一番確実に達成するのは、なんといっても、給与からの天引きによる貯蓄ですね。元々貯蓄性向の高い人は、特別なことをしなくてもお金は貯まりますが、貯蓄性向の低い人、言い換えれば、消費性向の高い人ほど、天引きはお金を貯めやすくなりますし、貯蓄性向の高い人でももちろん有効ですので、お勧めします。私事になりますが、私が新入社員の時代は、社内に「財形貯蓄」という制度があり、これを数年間やりましたので、20 代でもそこそこの貯金ができました。

　最後は、4 行目の投資、すなわち、何に投資するかですね。上のケースでは、特定年に特定額の投資を行うことを想定しましたが、いわゆる複利で資金を長期間運用することが資産を増やす 1 つの大きな方法です。ただし、若いうちは、資金運用をしようにもまとまった資金がありませんから、いわゆる「積み立て方式」で資産形成・資産運用を行うことになりましょう。仮に毎月 5 万円を積み立て、年利 5 ％で複利運用できると、30 年後には、理論的には、約 4000 万円の資金が作れることになります[70]。えー、そんなに、と驚かれたと思いますが、現在は世界的な低金利時代であり、しかも日本は特に低金利状態ですから、実際には、リスクを抑えたままの上記のような資産形成は容易ではありません。ただ、こうした考えに基づき、金融機関は、「積み立て方式」の金融商品を提供していますから、研究してみてください。代表的な商品に「積み立て NISA」があります。金融庁が出している「つみたて NISA 早わかりガイドブック」（p. 6）によると、1985 年から 2020 年の各年に毎月同額ずつ国内外の株式・債券の買い付けを行った場合の調べで、積み

---

[70] エクセルを利用すれば、計算できますが、近道として、以下をご利用ください。「イオン銀行 つみたてシミュレーション」（https://svc.qri.jp/aeonbank-calc/）

立て投資の運用成果（年率）の分布は、2～8％に収まっており、4～6％のグループの出現頻度が最大になっているそうです。ただし、「積み立てNISA」は投資信託なので、元本割れが生じえますし、「そもそも価格変動商品には複利の概念はなじまない」という考え方もあります[71]。

　実際の投資方法に関しては、預金・債券・株式・投資信託・商品（コモディティ）・不動産等々、何種類もの選択肢があります。このうち、比較的リスクの低い金融商品の一般的な特徴[72]を見てみましょう。考えるべきは、リターン・リスク・コストの3要素と思います。整理すると、以下のようになります。コストに関しては、最終的には、リターンに影響しますので、実際に100万円投資したらどうなるかを、金融商品を販売している金融機関の人に聞いて、正味の利率（＝リターン）を計算してみたらいいと思います。

種類	リターン	リスク	コスト
預金（円）	低い（2022年現在、歴史的な低金利水準にある）	低い（預け先の銀行の倒産リスクはあるが、その場合でも、預金保険制度によって、万が一、金融機関が破綻した場合でも、利息のつく普通預金、定期預金、定期積金、元本補てん契約のある金銭信託、金融債〈保護預り専用商品に限る〉などについては、1金融機関につき預金者1人当たり「元本1000万円までと破綻日までの利息等」が保護される）	受取利息に課税される
預金（外貨）	円貨の預金よりも比較的高い（主要国の金利水準が日本よりも高いため）	高い（外国為替レートの変動リスクがあり、相場が大きく動くときは、1割以上の為替差益・差損が容易に出る）預金保険制度の対象外	為替手数料がかかる　利息と為替差益について課税される

---

[71]　こうした見方については、以下が参考になります。「積立投資を複利で語るなかれ」、出所：https://www.am.mufg.jp/text/oshirasa_201020.pdf

[72]　各カテゴリー（種類）の中でも商品によってリターン・リスクとも異なりますから、ご注意ください。

債券（国債、公募地方債、社債等）	中程度	中程度（価格変動リスク、信用リスク＝債券の発行体の債務不履行のリスク、外貨建て債権の場合の為替変動リスク、金利変動リスクがある）	「利子」「譲渡益」「満期時の償還差益」に対し、課税される
株式	高い	高い（株価変動リスク、信用リスク＝投資した会社が倒産するリスクがある）	売買委託手数料がかかり、「キャピタルゲイン課税」と「配当課税」が課される
投資信託	中程度（債券よりも高い）	中程度（債券よりも高い）投資信託が組みいれている株式や債券の価格が変動するリスクや外国通貨建ての資産に投資する投資信託の場合、為替変動リスクがある	販売手数料（購入時）、信託報酬（保有時）、信託財産留保額（解約時）等がかかる「キャピタルゲイン課税」と「配当課税」が課される

　最後に、複数の専門家や著名投資家が指南していることを助言として、以下にまとめてみます。

・（既に上に記述しましたが）複利計算の方式で、長期間、資金運用を行うのが、資産増の1つの有効なアプローチである。
・手元資産が大きくなればなるほど、リスクは分散し、異なる金融商品にリスク分散したほうがよい。特定の銘柄に絞り込めば込むほど、ブレ幅は大きい。
・年齢に応じた投資スタンスが重要で、若いうちはリスクをとってもよいが、年齢を経るにして、より保守的な運用を目指すべき。

　加えて、私のアドバイスは、金融商品の選択は、徹底的に勉強して行うことです。類書を複数冊購入し、また、金融機関の人に相談し（彼らの営業成績につながるので、親切に教えてくれます）[73]、納得してから行うということが大事と思います。

---

[73] ただし、その場合、当然、金融サービスの売り手としてのセールストークがありますから、自分が納得できるまで質問したり、よく考えることが重要です。

おわりに

　最後まで本書をお読みいただきまして、ありがとうございました。若手ビジネスパーソンにエールを送るつもりで、いかに仕事を効率的に進めるか、いかに仕事の質を高めるかを、自分の職業人生も振り返りながら、私なりに懸命に考え、書き出してみましたが、いかがでしたか。

　基本的に筆者自身が重要と考えることを抽出しましたが、類書でも指摘されているような事柄やそんなことは当たり前にやっている、という事柄が多かったかもしれませんし、逆に私はそうは思わない……という点も少なくないかもしれません。ただ、少なくとも私自身は、本書に書かれたようなことを実践し、それなりに健康を保ち、仕事も充実してきた、と自負していますので、あくまでも参考意見・参考情報として受け止めていただければと思います。

　本書は、どちらかと言いますと、仕事上の目標達成志向が強い本になったようにも思いますが、高い目標や世間の人がうらやましく思うような実績を残された方たちというのは、目立たないところですさまじい努力をされているケースがほとんどだと思います。もちろん、そうした努力が報われるケースが少なくないと思いますが、投じている努力の量や犠牲にしているものも少なくないでしょう。逆にそこまであくせくも努力もせず、平々凡々とした人生を送るのもまた結構かと思います。したがいまして、結論としては、各人各様に好きなように生きるのが一番いいと思いますし、また、自分の立てた大きな目標が達成できても、できなくても、努力する過程こそが実は一番尊いのではないか、という気が本書を書き終えた今はしています。

　本書を読んだご感想などありましたら、以下のメール・アドレスにお寄せください。

ryusasao@yahoo.co.jp

　私のこれまでの人生において、ご指導をいただいた先生方や上司の方々、苦労を共にした会社の同僚・後輩諸君、本書を出すにあたってご支援いただいたすべての方々への感謝を述べさせていただくとともに、読者のみなさんの生活がより充実したものとなり、各々素敵な人生を送られることを祈念いたします。

　最後に本年６月に惜しくも67歳の若さで急逝しました兄、笹尾順に本書を捧げたいと思います。

2022年12月

笹尾　隆二郎

笹尾　隆二郎（ささお　りゅうじろう）

1960年生まれ。アイ・シー・ネット株式会社技術顧問。早稲田大学法学部卒。ブリティッシュ・コロンビア大学経営学部大学院修了（MBA）。国内外の銀行、経営コンサルティング企業に勤務した後、国連・世界食糧計画を経て、1995年よりアイ・シー・ネット株式会社にて開発コンサルティング・経営コンサルティング業務に従事。2006年より現職。全能連認定マスター・マネジメント・コンサルタント。国際開発学会会員、国際P2M学会会員。「P2M手法に基づいた効果的なODAプロジェクトの実施方法の考察」（Journal of the International Association of Project & Program Management, Vol. 12 No. 1, pp. 189–209, 2017）他多数の論文を執筆、著書に『開発コンサルタントという仕事』（日本評論社）がある。

仕事革命・健康管理で人生100年時代
を謳歌する

2023年1月26日　初版第1刷発行

著　　者　笹尾隆二郎
発 行 者　中田典昭
発 行 所　東京図書出版
発行発売　株式会社 リフレ出版
　　　　　〒112-0001　東京都文京区白山5-4-1-2F
　　　　　電話 (03)6772-7906　FAX 0120-41-8080
印　　刷　株式会社 ブレイン

© Ryujiro Sasao
ISBN978-4-86641-606-9 C0036
Printed in Japan 2023

落丁・乱丁はお取替えいたします。
ご意見、ご感想をお寄せ下さい。